朱雀

青龙

白虎

名詞中國

玄武

米鸿宾 著

人民东方出版传媒
People's Oriental Publishing & Media
東方出版社
The Oriental Press

一代更比一代有智慧，才是真正的富裕人家。

——米鸿宾

序　言

（一）缘起

由于种种原因，很多人们耳熟能详的、包括一些被广泛使用的名词，都渐渐失去了原有价值。很多名词的使用者并不了解该词最初缔造时的意义，而更甚者，则仍在不断的应用中衰减名词本身固有的光芒与智慧。

这种错漏不堪的现象并不鲜见。比如，时下的高频词语——"玄关"。

众所周知，中国文化保留较为丰富的异域之邦日本，其诸多政府、酒店等公共建筑的大门被称为"玄关"，尤其是很多老牌高级酒店的正门皆称为"正面玄关"，宴会厅正门则称为"宴会玄关"。日本京都大学医学院的正门则写着"外来栋玄关"，大阪府所辖堺市的市政府所在地办公楼的每一个门都称为"玄关"……中国台湾一些建筑体中的相关称谓也多有相似之处。如此一来，问题出现了——在日本，将建筑空间中的门称为"玄关"；而在中国，是将进门后正对门口的位置称为"玄关"，二者明显不同！

是我们国人现有的普遍认知正确呢，还是日本人现有的认知正确？

答案是：两者都不正确！

但日本人的理解对了一半。

这是为什么？

（二）震古烁今

震古才能烁今！

"玄关"这个名词，在古代文献和文学作品中是十分常见的，例如：

唐代李白《春陪商州裴使君游石娥溪》诗曰："萧条出世表，冥寂闭玄关。"

唐代白居易《宿竹阁》诗曰："无劳别修道，即此是玄关。"

唐代夏方庆《谢真人仙驾还旧山》诗曰："逍遥堪白石，寂寞闭玄关。"

唐代羊士谔《小园春至偶呈吏部窦郎中》诗曰："偃息非老圃，沉吟闭玄关。"

唐代岑参《丘中春卧寄王子》诗曰："田中开白室，林下闭玄关。"

清代方文《柬吴锦雯孝廉》诗曰："恐人防静业，谢客掩玄关。"

·············

在这些广为人知的诗作中，我们可以看到，他们笔下的"玄关"都是门的别称。

与之不同的是，唐代王起《赠毛仙翁》诗曰："丹灶化金留秘诀，仙宫嗽玉叩玄关。"宋代李廷忠《玄关一窍颂》曰："一窍才通万窍通，丝毫不动露真空。个中便是真宗祖，认著依前又不中。"以及元代国师中峰明本禅师所言"雪埋古路谁亲到，雷动玄关我独昏"。这三首诗中的"玄关"均是指人修炼时的"混沌初开第一窍"——元神之窍——人得之而为性命之根，即中宫一寸二分是也。但不可以形迹求之，故号虚无之府、清静之乡，内有真阳之气，自有生之后，散之于一身。所以元代缘督子曰："一点阳精，秘在形山，不在心肾，而在乎玄关一窍。""玄关"并非一处，须知山外有山、关外有关，一门为"鬼路"，一门为"上天梯"。以至于吕祖门人、元代李清庵更是强调"玄关一窍最难明，不得心传莫妄行"。南宋雷庵正受所著《嘉泰普灯录》更是说"玄关大启，正眼流通"。

此外，当年明太祖朱元璋延请碧峰宝金禅师为其讲解佛法奥秘。朱元璋听得法喜盈怀，遂赐其袈裟、钵盂，并作诗赞其："玄关尽悟，已成正觉。"从朱元璋这个激赏中，可见"玄关"一词在明代并不鲜见。

但是，对"玄关"讲得最透彻的，还属唐代高僧司马头陀。他在《玄关同窍歌》中这样写道："知妙道，玄关一诀为至要。识真情，玄上天机窍上分。漫说天星并纳甲，且将左右问原因。先观水倒向何流，玄关造化此中求。内外玄关同一窍，绵绵富贵永无休。一窍通关坐大谋，玄关交媾亦堪求。若是玄关俱不媾，局堪图画没来由。

重重生气入关中，连逢三五位三公。转关一节逢生旺，便知世代出豪雄。不论阴阳纯与杂，犹嫌墓气暗相攻。其间造化真玄机，不与时师道。吾今数语吐真情，不误世间人！"而《奇门大全·序》亦言："支干者，阴阳之变化也；阴阳者，生死之玄关也。"此处所言阴阳为生死之玄关，亦即指明：万物生死之玄关是存乎先天与后天之中的。

换言之，玄关者，乃玄妙之关，众妙之门，阴阳之幽户也。

那么，究竟什么是"玄关"呢？

"玄关"一词在古代简称为"窍"（如同太阳简称为"日"）。《说文解字》曰："空，窍也。从穴，工声。"窍，即是指通达无碍的空间。

天地万物皆有其窍。玄关就是天地气血贯通的道窍，亦即生死之窍。先天与后天，一阴一阳，曲径通幽，幽现玄关。玄关通之者生，障之者死。玄关之于人身，似如口鼻；口鼻俱障，人莫得生。玄关之于宅居，则似如门窗；门窗俱障，则人运乃亡。因此，智者所择，玄关一开，财气自然来。其得益之大小，则依缘别论。

"玄关"之解，源于《易经》。《易》卦中阴阳曲通的无间之道，即为窍要所在，即在先天卦图与后天卦图（先天八卦为：乾一、兑二、离三、震四、巽五、坎六、艮七、坤八；后天八卦为：坎一、坤二、震三、巽四、五为中宫、乾六、兑七、艮八、离九）的循环转换过程中，依据先天为体、后天为用、同名求位、同位求名的方法，所见先、后天卦相见之处，即为天地之窍，亦即阴阳之妙，生死之玄关。这也是先、后天卦序图的无上大用之所在！

古往今来，不同时空的真正智者，皆能"一窍通，则窍窍通"。开一窍，则诸窍齐开；动一神，致万神皆动。

先天与后天，通及门户，星贯神明；不通关窍，流浪生死。世人知此之窍，即知物用之玄关，便能远害近利，就生避死。

老子《道德经》强调"人法地"的智慧。落实在百姓日用之中的所有室所，则可以人面譬喻。口鼻如同人之玄关，若口鼻无有通气，即为玄关未开，势必生机寥然。而室所亦有如人之口鼻的玄关窍位，但由于建筑坐向不同，"玄关"位置亦有差异。古人在知晓每个不同坐向建筑的玄关位置后，在建造时，将门设定在对应的"玄关"处，这样就会：玄关一开，财气自然来！一窍通而窍窍通！

从上可见，在建造中，古人依据建筑物的坐向来推导出"玄关"的位置所在，然后在窍位处开门，久而久之，此门便被称为"窍门"——而这个在"窍"上开门的过程，古人便名之为"开窍"或"通窍"。"窍门""开窍""通窍"这三个人们耳熟能详的词语即源出于此，并且这三个词实质上还保有无上的智慧。这就是名词真义的无量价值所在——它在或斟文比事、或阐其雅旨之间，既能灌溉一切有情与无情，亦能指人迷津，破除无明。

这种价值，就是对悠悠数千年中华文明的致敬！

（三）你"开窍"了吗？

对于"玄关"一词，今人闻其名而不晓其实，那些将门口内部直见之处称为"玄关"者，皆是谬谬相衍，妄传盲指，非常滑稽。

尤其是建立在错误"玄关"概念之上的"高论"，仍然层出不穷，贻笑大方而不自知。

安缦酒店是全世界公认的顶级度假酒店，而位于上海的养云安缦酒店，当年依照笔者的规划建议，将主门开在"玄关"位置上；并且，在其中为数不多的古宅别墅院落中，每口井都落实在"玄关"位上。窍门已开，再加上之前将院内河流更易为逆水格局，上海的养云安缦酒店自 2018 年开业以来，成为安缦集团全球增长率最高的一家安缦酒店！

（四）"日富一日"

世间很多事情，不是废在了中途或结束，而是由于智慧不够，一开始就废了！

时下的人们，不缺能力、不缺热情，缺的是智慧财产；一旦有了智慧，人们所做的一切正向之事，都会迅速崛起。但世人由于对经典不熟稔，对传统不珍惜，对文化不究竟，对名词不了解，往往就会不知天之常、不晓地之则、不省人之道、不谙词之质。经年累月，累积了太多的知识、概念、学历和道听途说的能力，却没有"通身是眼"的慧见功夫，枉费了大好时光。

拙作《传心》一书中写道："一代更比一代有智慧，才是真正的富裕人家。"而如何能在每日的时光行进之中，不断地自我纠偏、增长智慧、富裕精神生命，才是真正的不负韶华——这叫"日富一日"！

若能做到"日富一日"，便是人生最珍贵的福气。药无贵贱，愈病者良；书无全美，契心则妙。

书中若有三两名词启尔慧、添尔富，便是令人欢喜绵绵的怡人之乐、书香之泽了。

更祈愿，与此书结缘者，皆能美美与共。

是为序。

米鸿宾

壬寅年季夏吉旦于北京十翼书斋

目　录

第一章　名词中国

"中国"一词由来已久，据当代著名历史学家王尔敏研究，仅在先秦典籍中，"中国"词称者就有 25 种，"中国"一词也被使用过 178 次。但"中国"一词之所出及其本义，其知者却寥寥。

《易经》曰："观乎天文，以察时变；观乎人文，以化成天下。"这告诉我们，中国文化与天文理念有着紧密的联系。在以"六经"为代表的中国文化典籍中，绝大多数都包含对天道的描述。大量广为人知的名词，如"魁首""聊天""开张大吉"等，都源自天文，"中国"也不例外。

《尚书·尧典》载："日中，星鸟，以殷仲春；日永，星火，以正仲夏；宵中，星虚，以殷仲秋；日短，星昴，以正仲冬。"先民们通过对黄昏"四仲中星"的星象观测，在确定季节授时的同时，开启了"逐中"的理念。

首先，是逐"时中"。《易经·蒙卦》载："蒙，亨。以亨行，时中也。"（唐代孔颖达疏："谓居蒙之时，人皆愿亨，若以亨道行之，于时则得中也。"）《礼记·中庸》载："君子之中庸也，君子而时中。"《春秋左传》曰："履端于始，举正于中，归余于终。"北宋张载《张子正蒙》载："存虚明，久至德，顺变化，达时中，仁之至，义之尽也。"建立在"时中"基础之上"举正于中"信仰的形成，就成了"天中"与"地中"文化的策源，并流布天下。

言及"天中"，就必须涉及中国古代天文的重要基础内容——"三垣"与"二十八宿"。

二十八宿围绕着三垣"辰宿列张"。在三垣中，上垣为太微垣，中垣为紫微垣，下垣为天市垣。居中的紫微垣居于北天中央，史称"中宫"或"紫微宫"。紫微宫即天宫之意，喻义为权力中心，普天之下最高的"天之中极"。天人相应，这个"天之中极"便是"地中"。

说到"地中"，便不得不提及作为"中华文明探源工程"的重大收获——1978年至1987年间的中原地区龙山文化陶寺遗址的考古发掘。陶寺文化的断代被确定为公元前2300年至公元前1900年，它的发现对探索中国古文明的起源有着不可估量的价值。

学术界对信史的论断，是依据"地上之文"与"地下之物"的双重证据相印证而来的。在陶寺遗址中，陶寺观象台的发掘，直接确认了这样一个事实：在距今4100年前的陶寺文化中期，先民们就已经在使用圭表进行天文测量。不仅与文献记载的信史相一致，也极大推动了中国与世界天文史的科学研究。

陶寺出土的圭表之物——陶寺圭尺，是目前考古发现的最早的圭尺实物工具套。《周髀算经》载："天道之数，周髀长八尺，夏至之日晷一尺六寸。"考古人员通过陶寺圭尺上的不同刻度，分别应用于对"二分二至"（春分、秋分、夏至、冬至）的影长测量，结果与《周髀算经》的记载完全吻合。陶寺圭尺的圭表，完整实现了"地中四时"的测定——包括农时节令与"地中"的天文大地测量。这个惊人的考古成果，成为迄今为止最早的"观象授时"实物记录！

《昭明文选》卷三"京都中"载："夏至之日，竖八尺表，日中而度之，圭影正等，天当中也。"隋炀帝杨广《冬至乾阳殿受朝》载："圭景正八表，道路均四方。"二者分别是对"天中"与"地中"的测量描述。《新唐书·天文志》载："至汉以后，表测景晷，以正地中，分列境界，上当星次，皆略依古。"又载："中晷之法，初（李）淳风造历，定二十四气中晷，与祖冲之短长颇异，然未知其孰是。及一行作《大衍历》，诏太史测天下之晷，求其土中，以为定数。"这就是用圭表测量日影于同一时刻在各地投影的差数——影差，以计算太阳直射点距离赤道南北远近的方法，并区分二十四节气和测定时刻。

从以上文献所载可知，这个"执中道"的概念在"圭影测时"方面以及古人心中的重要性。就连子思也在《中庸》中说："中也者，天下之大本也；和也者，天下之达道也。致中和，天地位焉，万物育焉。""中"是天地最早孕育万物的生成之地。如同人体头部发育时，被尊为"鼻祖"的、居面部之中的鼻子首先发育一样，由一个点，慢慢四散生长开去，渐渐化为大人气象。

《荀子·大略》曰："欲近四旁，莫如中央，故王者必居天下之中，礼也。"可见，"王者居中"是大礼之道。《史记·周本纪》则记载了周公对此的践行，在营成周中的体现——"成王在丰，使召公复营洛邑，如武王之意。周公复卜申视，卒营筑，居九鼎焉。曰'此天下之中，四方入贡道里均。'作《召诰》《洛诰》。"《尚书·召诰》载："王来绍上帝，自服于土中。"《逸周书·作雒解》载："（周公）及将致政，乃作大邑成周于中土。"可见，周人建国一开始就是选择天下之中的！周公选择将圭表所测的"地之中"——洛阳作为京都，是因为"周成王定鼎于郏鄏（洛邑），卜世三十，卜年七百，天所命也"。（《左传·宣公三年》）周成王把象征夏朝王权的九鼎迁于东都洛邑，并建宫室、修宗庙，实现了周文王和周武王居中、归中、执中、建中的"天下之中"意愿，并认为这些都是天命所授。这种观念在先秦时期即已影响深远，如孟子即强调"中天下而立，定四海之民，君子乐之……"（《孟子·尽心上》）

《周礼·大司徒》载："日至之景，尺有五寸，谓之地中，天地之所合也，四时之所交也，风雨之所会也，阴阳之所和也，然则百物阜安，乃建王国焉。"管理土地的最高官员大司徒，根据圭表测影来确定地中所在，然后君王据此建地中之都、中土之国——即东汉经学家刘熙所言"帝王所都为中，故曰中国"，第一次解读了代表地理位置意义上的"中国"名称之由来，令人感佩。

以上周成王继承周武王遗志营建成周之事，是一件信史，对此不仅有文献记载，更有考古实物印证：1963 年，陕西宝鸡出土了西周国宝级青铜器"何尊"，其上铭文对此事有着明确的记载，并且铭文中有"宅兹中国"字样，也是迄今为止史料中最早出现的"中国"一词。

也许有人会问：这个王者居中的信仰究竟有什么社会意义？对此，三国时期的谯周解释得很明确："王者居中国，何也？顺天之和，而同四方之统也。"（《法训》）其核心，就是为了政权统治，倡导"天命独授"。而更早的甲骨文亦记载了殷商王室将居地自称为中土、中商、土中，将四方诸侯之地参照其方位称为东土、南土、西土、北土等。可见，这个中国之"中"指的是地理方位，是王所居的政治中心，即天下之中的大邑商、成周一带。

那么，"国"又是指什么呢？

首先，"国"的概念始于尧舜时期——"伏羲但称氏，神农始称帝，尧舜始称国"。（南宋郑樵《通志》）《周礼·天官·大宰》曰："以佐王治邦国。"（汉代郑玄注："大曰邦，小曰国。"）《广雅·释诂四》载："邦，国也。"可见，邦与国只有地理面积的大小之分而已，并且邦之所居亦曰"国"。

由于周人对历代政治传统的认同与继承，"中国"一词在先秦文献中屡见不鲜，如《诗经·大雅·民劳》载："民亦劳止，汔可小康，惠此中国，以绥四方……民亦劳止，汔可小息，惠此京师，以绥四国。"（毛苌注曰："中国，京师也。"）《何尊》铭文记载："余其宅兹中国，自之辟民。"《左传·僖公二十五年》载："德以柔中国，刑以威四夷。"

…………

值得一提的是，当时的"中国"既是地理区域概念，又代表京师、京畿之地。《孟子·万章上》所云"夫然后之中国践天子位焉"中的"中国"，讲的就是到京师登上了天子的宝座。

及至东周，"中国"的含义又有了质变——已经超越了地域方位之狭义概念，被赋予了族群特质，如："中国者，聪明睿知之所居也，万物财用之所聚也，贤圣之所教也，仁义之所施也，诗书礼乐之所用也，异敏技艺之所试也，远方之所观赴也，蛮夷之所义行也。"（《战国策·赵策二》）从中可见，这个"中国"之地呈现了文化与文明的特质——六经、六艺、五常及其主张的诗书礼乐之道！《史记·秦本纪》载秦穆公曰："中国以诗书礼乐法度为政。"而《汉书》卷六十《杜周传附杜钦传》则载："夷狄者，中国之阴也。"将这个有

"诗书礼乐法度"的文化中国比喻为阳，把那个"被发左衽"的野蛮夷狄比喻为阴。王尔敏则据先秦典籍归纳了"中国"所含意旨，共5类：1. 京师之意；2. 国境之内之意，即所谓国中；3. 诸夏之领域；4. 中等之国之意；5. 中央之国之意。

及至宋代，著名的"宋初三先生"之一的石介首次以"中国"为名写了一篇奇文——《中国论》。其文所论之"中国"，涉及地理意义的天下之中、文明意义的文化发源、民族意义的正统象征、经济意义的贸易中心几个层面。文中除了强调中国"居中"的地理位置特殊性之外，还将地理空间和伦理道德、社会纲常结合起来，强调天人关系的重要性以及中国的文明优越性，深化了"夷夏分立的民族观"，得到了普世的认同。如明代名臣刘伯温所言"夫华夷峻防，一王大法，胡主中国，几变于夷，圣经明义，千载或湮焉"中的"中国"一词，其义完全是沿用石介之定义。

虽然在先秦时期，作为表述国家概念的称谓，除中国外，还有华夏、中华、赤县神州、四海、九州、中原等，但都不能替代"中国"之美！

"华夏"是"中国"最著名的替代称谓，该词最早见于《尚书·周书·武成》："华夏蛮貊，罔不率俾。"关于"夏"之义，《礼记·乐记第十九》云："夏，大也。"（唐代孔颖达注曰："夏，大也。中国有礼仪之大，故称夏；有服章之美，谓之华。"）《说文解字》释："华，荣也。"因此，"华夏"之意可以概括为：一个有礼仪之大与服章之美的繁荣国土。并且，自汉代开始，人们尤为讲究服章之美，导致"华夏"一词使用非常频繁。到了魏晋时期，就出现了将

"中国"与"华夏"凝练为"中华"的记载——在《三国志》裴注中首次出现了"中华"一词,后来的《新唐书·舆服志》对此作了进一步解释:"中华者,中国也。亲被王教,自属中国,衣冠威仪,习俗孝悌,居身礼义,故谓之中国。"可见,"中华"已与"中国"等用,近代将中国人侨居海外称为"华侨",便是由此衍生的。

需要说明的是,无论是"华夏"还是"中华",其内涵与外延均不及《战国策》中所定义的"中国"之历史悠久与意义深远,加上石介的《中国论》将此认知的深化,使得这个最具文化特质的"中国"一词,无有二替,固用至今。尤其是近代梁启超先生那篇铿锵有力的檄文《少年中国说》,于磅礴气势之中洋溢着激越的爱国之情,读来令人荡气回肠,久久澎湃,更令"中国"二字深深镌刻在千千万万人的心中!

如今,无论我们走到世界上的哪个地方,都会说自己是中国人,而不会说是中华人,说明"中国"一词早已固化于人心了。

在圭影测时所产生的"逐中"信仰下,包含地域称谓的"中国"在我国有着巨大而持续的影响,在各方面都有所体现,如:

其一,建筑。据《周礼·地官司徒·大司徒》载:"大司徒之职,掌建邦之土地之图与其人民之数,以佐王安扰邦国……以土圭之法测土深。正日景,以求地中。日南则景短,多暑;日北则景长,多寒;日东则景夕,多风;日西则景朝,多阴。日至之景,尺有五寸,谓之地中,天地之所合也,四时之所交也,风雨之所会也,阴阳之所和也。"《吕氏春秋》亦载:"于天下之中而立国,于国之中而立宫,于宫之中而立庙。"

古人认为，位于登封（古称"阳城"）的嵩山，位居天下之中。在建造了登封观星台等一系列象征"天下之中"的建筑物之后，便有了中宫、中庙、中堂等地理方位的概念，并在各种建筑上多元、广泛地展现出来。自东周始，君王就陆续到中岳嵩山"封禅"，这一行为成为帝规。保留至今的中岳庙，即源于此。

此外，众所周知的故宫，又称"紫禁城"，系"永乐四年闰七月诏建"（《明史·地理志一》）。"紫禁城"之名，其来历颇有渊源。其中的"紫"，古代有"紫微正中"之说，《广雅·释天》曰："天宫谓之紫宫。"天上的中天紫微垣被认为是天帝所居，因而便称宫禁为"紫禁"；而天人对应，地上的皇宫即为天子居所。以紫微垣比喻皇帝居处，在古代典籍中多有体现，唐代戴叔伦《宫词》中有："紫禁迢迢宫漏鸣。"宋代吴曾《能改斋漫录》亦载："盖紫微，皇居，以比天文紫微宫。有令、有舍人，紫微宫中官属也。"后来，明朝在建设紫禁城时，还特意设有七颗赤金顶，其中五凤楼四颗，中和殿、交泰殿、钦安殿各一颗，以此对应天上的北斗七星，效仿天上宫阙。

关于"禁"字，其义主要有二：一为古代帝王所居之地，如宫禁，禁苑等，汉代制度明确规定"天子所居门阁有禁，非侍御之臣不得妄入，称禁中"（汉代蔡邕）。一为应天的祭器，如承酒之尊器，因此有酒禁，后来还有茶禁。《小尔雅》曰"禁，录也"，以禁器传录天佑之意。可见"紫禁城"就是人间皇帝所居的应天之城——皇天授命，天生天子，天子应天而居天下之中，面南而治，故谓"紫禁城"。

建筑上"逐中"的体现，除了宫殿之外，最有代表性的还有中轴线。紫禁城的中轴线长至十五里，是世界之最，气势浩大，亦是依据洛书（九宫）的方位常数十五之数而建造的。

至于后来的"中堂""中庭"等与建筑有关的词语，皆源于这个"逐中"的信仰。

此外，今天人们所熟悉的各种碑石、碑刻，也与"逐中"信仰密不可分。汉代经学大师郑玄在《仪礼注疏》中说："宫必有碑，所以识日影，引阴阳也。"古代石碑上很少有文字，不具有纪念意义，后来随着历史的发展，才出现了记事碑、纪念碑、地界碑、里程碑等。宋代王安石《游褒禅山记》载："有碑仆道。"宋代陆游《过小孤山大孤山》载："有碑载其事。"这些都是在说明碑的功用。而中规中矩的古代庭院中，往往也有碑刻存在，我们从日本的诸多古老唐宋风格的园林中仍能发现这个痕迹。

其二，文化。《尚书·大禹谟》载："人心惟危，道心惟微，惟精惟一，允执厥中。"意思是说，言行要符合不偏不倚的中正之道。后来，孔子在此基础上提出"中庸"的理念。其中，"庸"通"用"，"中庸"就是"用中"。强调中庸之道的孔子，是非常重视事物的过与不及的。

孔子的这种思想，导致了中国文化中保持生命运行在中道状态的观念源远流长，如："凡知说，有益于理者，为之；无益于理者，舍之；夫是之谓中说。"（《荀子·儒效》）圣人就是这样的代表！汉代董仲舒说："故圣人弗为，适中而已矣。"（《春秋繁露》）宋代蔡元定则用自己的语言对"中道"进行了解释："夫天下之理，中而已矣。太刚则折，故须济之以柔；太柔则弱，故须济之以刚。刚柔相济，中道得矣。"（《发微论》）北宋邵雍所言"心无妄思，足无妄走，人无妄交，物无妄受"，便是中道之意。而元代王玠则进一步阐发了"执中"理念："圣人之道，执中而已矣。居天下之任，行天下之道，无高下，皆平等处之。益者损之，损者益之。益道于下，则低者上升之。损道于上，则高者下兼之。此所以损有余，益不足，故上下和平，天下万事无不中矣。"（《道玄篇·执中章》）到了明代，著名道士张三丰则从儒释道三教的角度进行了表达："夫道，中而已矣。故儒曰致中，道曰守中，释曰空中。"（《玄谭全集》）

凡此种种，对中道的表述极为丰富，不一而足。

其三，医学，特指中医。

对于什么是"中医"，东汉班固在《汉书·艺文志》中早有精准表述："有病不治，常得中医。"即不服药为中医，强调日常的身心调养和食疗，将身心调整到平衡状态，则完全可以带疾长寿。因为"抵天地之道无他，中而已矣"。（清代陈歧《医学传灯》）

其四，人。

天地人三者相应，无一偏废，才能真正体现出"天人相应"的思想。试想：有了"天中"与"地中"，会不会有"人中"呢？答案是非常肯定的！

"鼻之下、口之上为水沟穴，名为人中，其说有二：一谓自此而上，目耳鼻皆双窍，自此以下，口及二便皆单窍，上三画阴，下三画阳，合成泰卦也；一谓天气通于鼻，地气通于口，天食人以五气，鼻受之，地食人以五味，口受之，穴居其中，故名之曰人中。"（清代程林《医暇卮言》）所谓中道，乃国泰民安之道，于《易》而言，便是"地天泰"卦；而从经络而言，任督二脉恰好交汇于"人中"，这不也呈现了"逐中"思想吗？

除了身体之外，语言也受到"逐中"思想的影响，最具代表性的就是：中国古代将天下分为"九州"，而中心在"中州"，即河南地区。数千年来，河南人民说话的风俗仍然是"中"不离口——你问河南人任何问题，他们最普遍的回答就是"中"或"不中"，而不说"行"或"不行"。

综上所论，古人这个"逐中"的信仰，就是《易经》所言"观乎天文，以察时变；观乎人文，以化成天下"的实践路径，也是对天地人三才之道的落实。细细品来，真是别开生面！中华文明这种"枢中所动、环流无倦、四方来朝"的灿烂气象，令天下十方之客皆以能成为中国人为荣，想想都激荡人心啊！

"请自隗始"！让我们继续努力，更好地承古烁今、焕发荣光吧！

第二章　文化典故

文化

究竟什么是文化?

文化是智慧吗?是知识吗?是逻辑吗?都不是。

文化是自立立人的发蒙良药(这个"立",是通达之意)。

"文化"二字最早出现于《易经·贲卦》:"刚柔交错,天文也。文明以止,人文也。观乎天文,以察时变。观乎人文,以化成天下。"治国者,须观天道的自然运行规律,以明耕作渔猎之时序;又须把握现实社会的人伦秩序,以明君臣、父子、夫妇、兄弟、朋友之间的等级关系,令人的行为合乎文明礼仪,并推及天下,以成"大化"。

《说文解字·序》曰:"仓颉初作书,盖依类象形,故曰'文'。文者,物象之本也。"《易·系辞下》曰:"物相杂故曰文"。"文"就是事物形成、发展、变化的迹象,亦称文象。它有天、地、人三个维度的呈现:在天为天文,在地为地理、水文,在社会共同体中为人文。

人的文象,既有群体的文象,也有个体的文象。每个区域或城市都有各自不同的人文底色,这就是文象。比如,今天的自己和昨天的自己,看似相同,但又不同,这表明今天的文象和昨天的文象不一样。若从春夏秋冬的角度去看一棵树的变化,则对其文象的理解，会更加透彻。

不同文象的变化，会带来不同的势能，形成其特有的发展规律。无数古圣先贤都用生命印证了这个道理，谓之"文以载道"。

甲骨文的"化"字，看起来像二人背靠背的形状，一正一反，以示变化。《说文》曰："匕，变也。"匕即为化的古字。

化是什么？万物的生长变迁称为"化"。以进食为例，人们吃进食物后，通过胃肠功能吸收了营养，接收到了食物的能量，这个过程就叫作"化"。反之，如果进食后未能吸收能量，就叫"食而不化"。有些人，无论吃了多么富有营养的食物，依然骨瘦如柴，多是消化不良所致，中医将这种症状归结为脾不好，因为"脾主运化"。那么，什么是运化呢？就是将营养物质从此处运到彼处，继而转化为生命体运行所必需的能量。如果运输不畅或转化不顺利，均属运化有问题。"脾主运化"，若用现代商业的流行概念来比喻，脾就像主管"物流"的器官——这边有物品，那边有需求，通过衔接运送，使资源得到优化配置，从而转化为生产力。

宋代诗人杨万里《庸言》曰："学而不化，非学也。"看看那些被心灵鸡汤浇得劈头盖脸的高知们，就知道什么是顽固不化了。

"化"这个字对中国的文化影响很大。现在加入国籍，就称为"归化"，为融入之意。中国文化就特别具有以人见文、以文化人的特质。

古语曰：天高地下，万物散殊，合同而化。万物的生长发展到极端就叫作"变"，变而无碍便是"化"；变化的不可揣测，就是"神"；神的作用变化无穷，就是"圣"。神明变化的作用，在天是深不可测的宇宙，在人是深刻的道理，在地就是万物的化生。

在中国古代文献中，涉及对"化"的阐述，当以唐末五代谭峭的《谭子化书》（简称《化书》）最为丰富。该书中载有"六化"——道化、术化、德化、仁化、食化、俭化。

《易》曰："在天成象，在地成形。"在天，为无形的六气；在地，为有形的五行。书中在讲到变化之理时，"德化"之"五常"载："儒有讲五常之道者，分之为五事，属之为五行，散之为五色，化之为五声，俯之为五岳，仰之为五星，物之为五金，族之为五灵，配之为五味，感之为五情……于是乎变之为万象，化之为万生，通之为阴阳，虚之为神明。"这种"一月普现一切水，一切水月一月摄"（唐代永嘉玄觉禅师）的"一即一切，一切即一"（《华严经》）之境，就是范围天地的化境。

"化"境落实到人事时，《化书》中"仁化"之"知人"载："观其文章，则知其人之贵贱焉；观其书篆，则知其人之情性焉；闻其琴瑟，则知其人之道德焉；闻其教令，则知其人之吉凶焉。小人由是知唐尧之容淳淳然，虞舜之容熙熙然，伯禹之容荡荡然，殷汤之容堂堂然，文王之容巍巍然，武王之容谔谔然，仲尼之容皇皇然。则天下之人，可以自知其愚与贤。"这种触类旁通、了了无碍的功夫，即是世人所追慕的出神入化之境。

"化"境落实在生活中，该书中"食化"载："庚氏穴池，构竹为凭槛，登之者其声'策策'焉。辛氏穴池，构木为凭槛，登之者其声'堂堂'焉。二氏俱牧鱼于池中，每凭槛投饵，鱼必踊跃而出。他日但闻'策策''堂堂'之声，不投饵亦踊跃而出，则是庚氏之鱼可名'策策'，辛氏之鱼可名'堂堂'，食之化也。"文中描述的鱼儿下意识地应声而至，也是一种生命的"化"境。

文化之功，一曰担当，一曰传情。担当，是令生命有责任心；传情，是令思想有流动性。二者皆为社会生生不息之动力，亦是以文化人的大用。

古人认为，文化是用来增长慧命的，是要人能够"上知天文、下知地理、中通人事"的。能将文化内化到自己的生命中去，使之成为自己生命的有机营养，如此方可称为文化人。退而求其次，至少也要精通以上三个维度之一，否则，最多只能算是知识分子——知道的常识较多而已，与智慧无关。

可是，没有智慧，又如何能传道呢？！

建树

建树，今义是表示建立了不朽的功勋或在事业上有很大的成就，但其来源，则是传说中作为天地桥梁的神树，亦称"建木"。

关于"建木"的记载，文献中有如下几种：

《山海经·海内经》："建木，百仞无枝，有九欘，下有九枸，其实如麻，其叶如芒，大暤爰过，黄帝所为。"

《淮南子·地形训》："建木在都广，众帝所自上下。"

建木，生在都广之野。《山海经》里所描写的"都广"是指世界的中心，大概是指现今成都平原一带。传说建木是巴蜀先民所崇拜的一种圣树，生于天地之中心，高百仞，正午日照无影。建木的特点就是高，非常高，高到看不见顶，是通天之树。据说建木并不是直的，而是有九道弯曲。

说到这里，我记得曾经有人提出一个概论：修建一道电梯直达太空。理论上来说，只要材料合适，是可以做到的。那么，我们是不是可以提出一个假设，建木有没有可能就是古代的电梯呢？曾经伏羲、黄帝等人就是通过建木来往于天庭人间，与神灵沟通，而黄帝战蚩尤之时，也是通过建木上天请将的。可见这个建木起到的是天地津梁的作用。

传说建木被黄帝孙子颛顼砍掉，美其名曰禁止天神过多干涉人类，史称"绝地通天"——它是神话传说时代的重要转折点。

在四川广汉三星堆出土的青铜神树上，有枝叶、花卉、果实、飞禽、走兽、悬龙、神铃，等等，有学者认为，这个青铜树的原型即是建木。

"建树"一词，明清时期应用较多，如：

明代尹台《洞麓堂集》："其躬当其时，欲功业建树之有获不甚难乎？"

明代柯潜《竹岩集》："其建树必大可观，而官不过宫詹。"

清代乾隆皇帝《唐宋诗醇》载："功名建树之难，抚时思古，反复寄慨。"

清代唐赞衮《台阳见闻录》："有联云：物废宜兴，所期百度勤修，无惭建树；地高易险，待欲一层更上，还要从容。"

清代汤球《旧晋书九家辑本》："以奉守社稷，敬承宗庙，且昏蘗并大，便欲建树储藩。"

清代钱仪吉《碑传选集》："而生平建树之鸿骏，亦略见于此矣。"

清代恽毓鼎《澄斋日记》："甘守积弊，陈陈相因，略有建树，指为多事。"

晚清民国释印光《印光法师文钞三编》："年近七十，一无建树。阁下谬认为善知识，已大误矣。"

清代李岳瑞《春冰室野乘》："自称从戎数年，一无建树，中路蹉跌，实所不甘。"

清代钱谦益《列朝诗集》："春光迅速若转蓬，丈夫建树难为功。"

清代蔡振丰《苑里志》："文章事业，建树非常。"

《清史稿·列传二百三》："守台治台，自有建树。"

《梁启超文集》："门户堂奥，次第建树，继长增高。"

…………

时至如今，"建树"一词已成为立志与功绩的代名词。

楷模

楷模，意为榜样、模范之义。楷、模二字，皆为树名。这一名词的背后，也有深沉悠久的中华文化积淀。

"五色理念"是先秦时期政治体系中践行天人合一智慧的重要法度，从夏朝至今，盛行了三千多年，周朝更是将其具体化，后世皆以周朝的"五色理念"为范本而传续。在众多树木品类中，模树的树叶是随季节五行颜色而变化的——春天青翠碧绿，夏季赤红如血，秋日变白，冬日变黑。其色泽纯正，不染尘俗，为诸树之榜样。（清初刘献廷《广阳杂记》）因此，周公去世后，坟前专门栽有模树。

周公是孔子的偶像，孔子对其充满崇敬，一直希望自己能践行周公之道于世，就连很久没有梦到周公，心情都会很失落。孔子去世后，弟子们各自从家乡带来名贵树种，栽植在孔坟周围。随着时间的推移，其他弟子已不在，唯有子贡在墓旁结庐守墓六年，并记得老师生前之语："今世行之，后世以为楷。"（《礼记·儒行》）现在我们所行使的标准，会成为后世人的典范！

这个"楷"，《广雅》释曰"法也"，即法式。宋代卫湜撰《礼记集说》（卷一百四十八）载："今世行之，后世以为楷适……孔氏曰此明儒者虽身不居明代，犹能忧思爱及于人之事也。楷，法式也。"

因此，子贡便从卫国移来楷木苗植于墓前，历代皆对其保护有加。今孔林享殿后的"楷亭"，即由此而得名。清代光绪八年（1882），子贡手植楷树突遭雷火之灾，仅存一段树桩，"状如清癯之贤人端立，势若高峻之山峰危耸"。树后有一碑，清初著名诗人施闰章刻"子贡手植楷"于碑上。其中"植"字为两横，意为孔子弟子三千，子贡一人就顶一千人。

子贡手植的楷树，学名黄连树，树干疏而不屈，刚直挺拔，因其与孔子有关，故又称"孔木"，成为尊师重教的象征。又因子贡手植的楷树枝干挺直而不屈曲，古人便将笔画简爽如楷树之枝干的字体谓为"楷书"。据清代万经《分隶偶存》载："王愔云：'王次仲始以古文方广少波势，以隶字作楷法，字方八分，言有楷模。'"大书法家、《古今文字志目》作者，南北朝时期南朝宋的魏平北将军王义之子王愔明确告诉后人，楷书是基于楷模，取法隶书演变而来的。今天很多写书法的人不清楚楷书是如何来的，令人非常遗憾。

孔子去世多年后，汉代开始尊孔。因孔子和周公都是世人学习的典范，故以树喻人，从汉代起，便将示人以规矩的人中榜样称为"楷模"，同时亦用其指代经典的示范大用——"《周礼》经邦之轨则，《仪礼》庄敬之楷模"。（北宋《太平御览》）

此后，"楷模"一词见诸文献记载者颇多：

《后汉书·卢植传》载："故北中郎将卢植，名著海内，学为儒宗，士之楷模，国之桢干也。"

《后汉书·党锢传序》载："天下模楷李元礼，不畏强御陈仲举。"

三国时期的陈寿在其《三国志·魏书·管宁传附胡昭》评价司马懿老师胡昭时写道："尺牍之迹，动见模楷焉。"胡昭书法冠绝汉末三国，是无可非议的殿堂级书法大师，其作品为当时士大夫争相临摹，连平时练字时扔进废纸篓的只言片字都能卖个好价钱。这就是"动见模楷"的价值所在！

北齐时期的《汉魏南北朝墓志汇编》载："楷模可为世范，言行便成士则。"

三国卢植被曹操誉为"名著海内、学为儒宗、士之楷模、国之桢干。"（《三国志·裴松之注》卷二十二）

唐代欧阳询《艺文类聚·卷四十八·职官部四》："为崇贤之领袖，五日来朝，冠承华之楷模。"

唐末杜光庭《道德真经广圣义》："楷模也，式法也。"又"如此者，可为理国之楷模法式也。"

宋代汪大猷《和姜梅山见寄》："诗来唤起相思梦，又向梅山得楷模。"

元末明初董佐才《方寸铁为卢丹》："何如往补石经漏，万古六书存楷模。"

明代萧良有《龙文鞭影》："韦述杞梓，卢植楷模。"

明代焦竑《老子翼》："楷，模也。式，法也。"

明代瞿汝稷《指月录》："大用不拘今古楷模。"

明代蒋之翘《宣公祠》："唐相祠堂旧楷模，萧萧梧竹接城隅。"

明代蕅益大师《灵峰蕅益大师宗论》："为圣贤者，以六经为楷模，而通六经，必藉注疏开关钥。"

清代冯煦《皖政辑要》载："勖以讲求根柢，贯通中西，俾可养成全才，楷模后进，借以仰副朝廷作育人材之至意。"

清代郑用锡《北郭园诗钞》："卓然为海东硕望，楷模一乡。"

清代王松《台阳诗话》："前人有楷模。龙门屡点额，扬鬐即天衢。"

清代许传霈《用洛翘韵咏紫阳花五十韵》："异卉供欣赏，群芳式楷模。"

清代袁开昌《养生三要》："古方可为楷模。"

清代董诰《全唐文》（第六部，卷五百四十六）："《尔雅》为六经文字之楷模。"

…………

随着明清文章中"楷模"一词的广泛应用，该词逐渐成为熟语，兴盛至今。

希望今人的所作所为，努力为世人和家族建立新的楷模。若能如此，则如伴圣贤！

格物

"格物"一词，是中国文化中最具解释价值的词语之一。中国文化是圣化的教育体系，以格物智慧为核心，而格物之精韵尽在易学。其产生、发展与流变，数千年来，盛衰绵延，虽支脉纷纭，但内蕴无限——她是中华民族解读、认知这个世界的方法与智慧。

众所周知，中国文化是以儒家文化为核心道统的，而四书五经是儒家传道授业的基本教材，其核心精韵讲求的是境界和功夫！《礼记》曰："记问之学，不足以为人师。"中国文化是要求人有功夫和境界，而格物智慧就是功夫之所在。

有件事值得一提——上海著名的复旦大学，其前身与中国近代著名高校震旦大学（Aurora University）有着深密渊源。震旦是印度对中国的旧称，震旦大学是法国天主教耶稣会在中国上海创办的著名教会大学，被誉为中国已经消失的 9 所世界级大学之一。该校是由中国神父马相伯（北大前校长蔡元培和上海大学创校校长于右任均为其弟子）于 1903 年 2 月 27 日，在上海徐家汇天文台旧址创办，所设学科有语文、象数、格物、致知四门。1952 年，中国高校院系调整，将震旦大学各院系分别归并上海市各有关高等学校（复旦大学、上海交通大学、同济大学等）。

从上述可见，震旦大学当年所设四门专业中，格物位列其一。

那么，为什么要学习格物呢？

《诗经·大雅》曰："有物有则。"是说，在现象世界中，一物有一物之理，万事万物皆有规律在。

《吕氏春秋·季秋季·审己》曰："凡物之然也，必有故。而不知其故，虽当，与不知同，其卒必困。"

后秦僧肇《肇论》曰："圣人会万物为己。"

宋代朱熹《四书章句集注·大学章句》："天下之物，莫不有理。"

……

人要能了解事物发展变化规律，才可抵达《易经》所言"与时偕行"和《庄子》所言"胜物而不伤"的境界。否则，就会像当年宋代白云守端禅师对弟子说的一样："古人留下一言半句，没有看透它们的时候，撞着就像铁壁一样。一旦看透之后，才知道自己就是铁壁！"可见格物之重要。

而法国思想家罗曼·罗兰所言，亦可从另一角度理解格物智慧的重要性。他说："世界上只有一种真正的英雄主义，那就是认清真相之后，依然热爱生活。"

是的，这叫心中有数！这样才会活得明白。

那么，究竟什么是格物呢？

中国文化的核心精韵，讲求的是境界和功夫！当年震旦大学马相伯先生确定的四门学科，抓住了中国文化读书育人的核心方向。

关于如何读书，宋代大儒朱熹不但编辑了《四书》，还对《四书》教学的次序和方法做出了说明——《朱子语类》卷第十四载《四书》学习次第：

"学问须以《大学》为先，次《论语》，次《孟子》，次《中庸》……先读《大学》，以定其规模；次读《论语》，以立其根本；次读《孟子》，以观其发越；次读《中庸》，以求古人之微妙处。"足见，朱熹是把《大学》列为"四书"之首的。并且，这也是朱熹亲身践履而得来的。

《大学》为中国文化开启了格物致知的路径——"格物、致知、诚意、正心、修身、齐家、治国、平天下"，史称"儒学八目"。是说，只有首先了解事物规律，才能抵达真正"知道"的境界，然后充分展示个体生命的诚意，端正身心，好好修身进德，才会有规范家庭之功、治国安邦之力，做到如此，才具备令天下太平的能力。由此可见，"格物"是八目中后七目的根基，没有格物智慧的基础，后七目皆为空中楼阁。清代大儒黄宗羲说："夫《大学》修身为本，而修身之法，到归于格致，则下手之在格致明矣。"（《宋儒学案》）正是由于今人对格物之学了解和掌握得非常匮乏，才导致不能"学际天人"，以至于通经致用难以落实。而这也是传统文化的学殇要因之所在。

宋代程颢说："读史须见圣贤所存治乱之机。贤人君子出处进退，便是格物。"（《二程遗书》卷十九）

明代王阳明的"心学"更是受湛若水先生的启迪而依靠格物智慧来践行的，阳明亦师亦友的湛若水先生还专门著有《格物通》一书。明清之际的陆世仪，在谈到生活和小物件之间的关系时，直接说道："凡有体验有得处,皆是悟。只是古人不唤作悟,唤作格物知至。"及至清代,刘沅在其《豫诚常家训》中更是强调:"私欲去而聪明始开,致知故先格物;念头好而是非分明,实践乃为诚意。"

除学界外,古代医家对"格物"之学亦尤为重视——"格物之学,最为医家要务。凡物性之相制、相使、相宜、相忌,与其力量之刚柔长短,皆宜随时体验,然后用之无误"。(清代医家王秉衡《重庆堂随笔》)

清代医家祝登元更是强调:"格物之学,盖性命道德之指归,而非神仙方术之余唾也。"(《心医集》)

由此可见,能出以上诸言者,皆为具慧目之人!

亦更知:今人读经典、学传统文化而未能证道,便是沦丧在这个"格物"的功夫上了!

中国文化是由格物智慧发展而来的,但格物绝不是对事物常识的简单了解。

关于"格物"二字,今人鲜有真鉴。清代陆陇其《示大儿定征》说:"读书做人,不是两件事。将所读之句,句句贴到自己身上来,便是做人的法,如此方叫得能读书人。"诚哉其言!

那么,什么是"格"?《尚书·虞书·益稷谟》曰:"格,穷究也,穷之而得。"《说文解字》曰:"枝长皃。"林木之中某一突出的树枝,引申为甄别提炼事物的突出特质。知此"格"意,方可理解人们常说的品格、人格、性格、出格等词语之意。

那么,什么是物呢?

周代关尹说:"凡有貌、像、声、色者,皆物也。"

原文如下：

"列子问关尹曰：'至人潜行不窒，蹈火不热，行乎万物之上而不栗。请问何以至于此？'

关尹曰：'是纯气之守也，非智巧果敢之列。居，予语女，凡有貌像声色者，皆物也。物与物何以相远也？夫奚足以至乎先？是色而已。则物之造乎不形，而止乎无所化，夫得是而穷之者，物焉得而止焉？彼将处乎不淫之度，而藏乎无端之纪，游乎万物之所终始。壹其性，养其气，合其德，以通乎物之所造。夫若是者，其天守全，其神无郤，物奚自入焉？夫醉者之坠车，虽疾不死。骨节与人同，而犯害与人异，其神全也。乘亦不知也，坠亦不知也，死生惊惧不入乎其胸中，是故逆物而不慑。彼得全于酒而犹若是，而况得全于天乎？圣人藏于天，故莫之能伤也。'"（《庄子·达生》）

关尹是谁？关尹就是与老子一并被庄子称为"古之博大真人"的函谷关关令尹喜，先秦时期天下十豪之一，字公度，名喜，周朝大夫，哲学家，老子的五千言《道德经》即是应其请而撰著。西汉刘向谓："喜著书凡九篇，名《关尹子》。"《汉书·艺文志》著录《关尹子》九篇，旧题周尹喜撰，此书即后世所谓之《文始真经》。

流传到海外的中国文化典籍译著，也没有对这个"物"给出正确解释，这种遗憾一直绵延至今。

那么，究竟什么是"格物"呢？

格物，就是探究万事万物势能发展变化规律的学问。它为人们提供先见之明、顺势而为、胜物而不伤的方法和智慧，使人能在生命的成长中具有各就各位、各自饱满的能力，也是抵达中国文化的功夫和境界的路径。

先秦《商君书·更法》曰："愚者暗于成事，知者见于未萌。"愚人对于已成功之事为什么会成功也弄不明白，而智者对于未发生之事能预见其结局。此句虽言愚贤之人对事物不同的认知境界，但意在强调先见之明的重要性。

中国文化中以阴阳、五行、干支、八卦等建构的格物体系，及其对势能变化规律进行精细探究的方法，是抵达天人之学的核心路径，更是对《诗经》所言"有物有则"的践行。

在此尤为值得一提的是，正因为格物是研究万物势能变化的学问，所以今之科学与医学，亦属格物之学范畴，无出其界。

这世间，任何一件事物都可以从"显现"与"本性"来分析，每件事物都包含这两面，连你自己都不例外。其中，"显现"是外在呈现的象，"本性"是内在的势能，它超越一切显象而存在。若问二者之间是什么关系。二者是一体两面的。这是真理！

而格物之学，最重视的就是研究事物的"本性"，即"识势"。势，是诸子百家的共识，也是今天知识分子们的慧命受障之方。何出此言？且看往圣先贤之论。

《道德经》："道生之，德畜之，物形之，势成之。"

《吕氏春秋》："水出于山而走于海，水非恶山而欲海也，高下使之然也。稼生于野而藏于仓，稼非有欲也，人皆以之也。"这是自然之势。

《孙子兵法》："转圆石于千仞之山者，势也！""择势而为，智也！"

《史记·孙子吴起列传》："善战者，因其势而利导之。"

《韩非子·观行》："势有不可得，事有不可成。"

《六韬·文韬·兵道》："用之在于机，显之在于势。"

《孟子》："虽有智慧，不如乘势。"

《北史·于仲文传》："乘势击之，所以制胜。"

南朝范晔曰："神龙失势，与蚯蚓同。""势存则威无不加，势亡则不保一身，哀哉！"（《后汉书》）

《三国志》（卷二十一《王卫刘傅传》）载："势可得而我勤之，此重得也；势不可得而我勤之，此重失也。"

《庄子·秋水》："当尧舜而天下无穷人，非知得也；当桀纣而天下无通人，非知失也，时势适然。"

宋代苏洵《六国论》："夫六国与秦皆诸侯，其势弱于秦。"其《权书》云："凡主将之道，知理而后可以举兵，知势而后可以加兵，知节而后可以用兵。"

宋代张商英《护法论》："儒者尚势。"

明代吕坤《呻吟语》："天地间，惟理与势为最尊！""势之所在，天地圣人不能违也。"

《六韬·龙韬·军势》："圣人征于天地之动，孰知其纪？循阴阳之道而从其候，当天地盈缩因以为常。物有死生，因天地之形。"

《大学》："物有本末，事有终始，知所先后，则近道矣。"

…………

万物有象，表象即表法。有象必有势能，势能不会消失，它无问南北，莫曰古今，一直都在！人若无任何势能之时，死亡便是表象，这亦不过是势能转化为另一种显现而已。

由此可见识势的重要性！

必须清楚的是：识势是建立于"正心"基础之上的。此外，人们耳熟能详的"因果"规律，既是势能使然，也是自然规律，与宗教无关。

历史上相关典籍对势能因果关系的表述，已非常丰富，如《大学》所言"言悖而出者，亦悖而入；货悖而入者，亦悖而出"；《吕氏春秋·用民》所言"种麦得麦，种稷得稷"；汉代刘向《新苑·谈丛》所言"好称人恶，人亦道其恶；好憎人者，亦为人所憎"；唐代魏征《群书治要·贾子》所言"爱出者爱反，福往者福来"；明代黄宗羲《宋元学案》所言"损人即自损也，爱人即自爱也"等，其理一也！都是在强调势能的因果关系。你若心中有道，就会清楚：出入聚散无非因果！还有，你现在所收获的一切，都是曾经造作之果！

格物智慧，就是探究这种种因果势能规律的法门。

人亦是万物的组成部分。一个人真正的成熟，就是从认识自我开始的。足见，格物之学，虽然格的是物，但知的却是自己。有了真知之后，才能够不溺于事，欣然向前！

宋代朱熹亦说："格物是梦觉关。格得来是觉，格不得只是梦。"（《朱子语类》）是说，格物就是迷梦和觉悟的关口，遇物能格者是觉者，而不能格者，仍是迷梦中人。迷梦中人是无法领悟中国文化神韵的。朱熹还说："致知格物，十事格得九事通透，一事未通透，不妨；一事只格得九分，一分不透，最不可。"又说："物，谓事物也。"

宋代王义山在《和康节天意为人二吟》中说："透出梦关方是觉，要从心地自澄源。"是说，任何一个时代，都需要有功夫的学者，而这个功夫就是真实无伪的格物智慧。没有这个功夫的学问，即是假学问——看起来满腹经纶，说起来头头是道，炫起来文采飞扬，可一旦涉事，则茫然无措，应对无方，乃至不省人事！以致遍地充满文化化妆运动者，有知识无智慧，但又自以为是、宰制众生，展现出多元变相的野蛮。他们虽然不断地获取知识，但依然未能提高自身反省的能力！以至于徒耗光阴，自溺溺人，作恶于无形之中而无所畏惧。

清代黄宗羲《明儒学案》在"侍郎许敬菴先生孚远"篇亦载："其订正格物，谓：'人有血气心知，便有声色，种种交害，虽未至目前，而病根尚在。是物也，故必常在根上看到方寸地，洒洒不挂一尘，方是格。夫子江汉以濯，秋阳以暴，此乃格物榜样。'"其大意是说，这个毫无滞碍、了了分明的通达境界，才是真正的格物功夫。

南北朝的颜之推在其《颜氏家训·勉学第三》中亦曰："古之学者为己，以补不足也；今之学者为人，但能说之也。古之学者为人，行道以利世也；今之学者为己，修身以求进也。"是说，真正的读书，是用来补己不足和行道利世的。但究竟能否做到，就取决于自己读书后的功夫了。

宋代杨万里说："学而不化，非学也。"（《庸言》）北京大学的梁漱溟先生亦有振聋发聩之语："什么是学问？学问是要解决问题的。什么是真正的学问？真正的学问就是要能解决自己的问题！"这就是南宋大儒陆九渊所说的"格物者，格此者也。伏羲仰象伏法，亦先于此尽力焉耳。不然，所谓格物，末而已矣"。(《陆九渊全集·语录》) 其意是说，格物就是要能够解决每个当下的问题，即便是伏羲仰观天象、取法于地，也是最先发力于此的！否则，所说的"格物"，就不着边际了。并且他还强调："公上殿，多好说格物，且如人主在上，便可就他身上理会，何必别言格物？"格物就是要从当下面对的事物来契入，这便是格物的应用，根本不必另外去讲什么是格物。

现代教育中，学问与学术是高频用语。对于后者，梁启超先生解释得极为精辟，他说："什么是学术？学也者，观察事物而发明其真理者也；术也者，取所发明之真理而致诸用者也。"你看，真正的学术一定是要能够解决实际问题的，这是明智者的共识。读书人若不能抵达这个境地，就是未熟的瓜果，出来传道授业，往往是"毁人不倦"，出焦芽败种……

而以下几位大先生的慧引，更是令人对如何做学问清晰之至。

北宋五子之一的邵雍说："学不际天人，不足谓之学！"

明代国师中峰明本禅师说："凡做功夫不灵验者，往往只是偷心未死！"

宋代宝觉禅师说得更是如木撞钟："你所要寻的安乐处，需要你死掉无量劫以来的偷心才可以。"

是的，功夫不灵，乃偷心仍炽，道心不固，见解不澈所致，其结果，必举身积伪！

可见，嘉师之言，是一语见机，十方通透，更于旷志高怀处，透得生机洋洋！

人生最痛苦不堪的，就是没有能力与自己打交道。人不能与物相活，不能当自己的家、做自己的主，必然是欠缺了格物的能力。所以，格物之学是中国往圣先贤为中华民族所开出的抵达慧径的无上方便法门。

殊不知，那些不谙格物而漫谈修身齐家、涉事接人，乃至讲经论典者，皆为纸上谈兵，空中建楼，自溺溺人。而这些，早就被两千多年前的孟子看透了。他说："天下之本在国，国之本在家，家之本在身。""夫人必自侮，然后人侮之；家必自毁，而后人毁之；国必自伐，而后人伐之。"寥寥数语，可见慧目如炬！

对于孟子所说的"自侮"，明代大儒王阳明也有着精妙的见地，他说："若自己不能身体实践，而徒入耳出口，呶呶度日，是以身谤也，其谤深矣。"一个人，若自己不能身体力行，只是整天夸夸其谈，这就是在诽谤自己啊！这种情形对生命的毁损是很严重的。

说得多好呀！

明德与格物的大用，《大学》一书已阐其大义：学问之道唯在明德和格物！明德知大，格物知微；明德洗心，格物息乱。古往今来，借由此途而饱满生命者，历代不绝。如，孔子达《易》，汉代"经神"郑玄谙熟"六壬"，明代袁了凡精通"六壬"，王阳明精通"奇门遁甲"。并且，王阳明还有句名言："圣人之心如明镜，只是一个明，则随感而应，无物不照。故圣人只怕镜不明，不怕物来不能照。"这个能照的能力，就是格物的功夫。

对此，明代邓豁渠更是作如是之赞："心斋格物是权乘，阳明良

知是神明。"（《南询录》）

对中国文化而言，内圣外王、比肩圣贤和见贤思齐，不仅仅是方向，更讲明了抵达的方法。否则，一辈子由于方法不到位，背离学问核心，无有格物功夫，导致所学乞灵于逻辑、概念、名相、权威、文化光环和既得利益的堆砌……歧路狂奔，如盲行暗，用稀有的大好青春到处进行"僵尸大战"！生命陷溺于低品质的轮回，永不得见光风霁月。

试问：人是万物之灵，你怎么就不灵了呢？！

格物之学，其维度有三：格天、格地、格人。其中，格天是天文（观天象）、格地是卜居（堪舆、风水）、格人是识鉴人。换言之，格物是东方的自然学科，涵盖了天文、地理、物理、人事、生物等，无所不包，是中国先贤用简洁的模型囊括一切自然科学和社会人事的学问。

其一，格天。

《诗经》中载，农夫和戍边战士会观天象，与商汤的宰相伊尹一样，皆有"格天"之功；《尚书·君奭》载："在昔成汤，既受命，时则有若伊尹，格于皇天。"

三国时的孙权亦评价诸葛亮："丞相受遗辅政，国富刑清，虽伊尹格于皇天，周公光于四表，无以远过。"

《宋史·列传》第一百四十九卷载："大要有十：一曰谨始以正本，二曰敬德以格天……"

南宋大学者罗大经写有《格天阁》一文（抨击秦桧任宰相后所造的《格天阁》）——"方其在相位也，建'一德格天之阁'"。对此，明代蒋一葵《尧山堂外纪》（卷五十八）亦载："一德格天阁，朝士有贺启曰：'在昔独伊尹格于皇天，到今微管仲吾其左衽。'"

明代徐祯卿《谈艺录》载："盖以之可以格天地，感鬼神，畅风教，通世情。"

明代嘉靖皇帝南巡时，听到著名的"二十四孝"之人物"孝圣"王祥和"友圣"王览的孝悌故事，深受感动，遂赐御匾一块，上书"孝友格天"。格天，因其精诚而致的感通上天之德。

明代袁黄《了凡四训》载："在家而奉侍父母，使深爱婉容，柔声下气，习以成性，便是和气格天之本。"

…………

总之，"格天"一词，是指古代由"观天象"而得来的格物功夫之一。古之"观象授时""占星""聊天"等功夫，均属于"格天"范畴。

并且，古人认为：有格天之功者，为第一德，次德为格地（卜居），其下为格人（识鉴人）。

其二，格地，亦称为卜居、堪舆、风水。

春秋时期的管子、清代的左宗棠等，都精于地理，故能安邦治国功垂青史。

其三，格人，亦称识鉴、相人。

从古至今，往圣先贤、通人硕学精通识鉴者，诸如自先秦以来诸子中的管子、孔子、孟子、荀子、庄子等，比比皆是，不计其数。

值得一提的是，格物的维度有三：天、地、人，而中医也不例外——"仲尼有言，'通天地人曰儒'，而医亦有之。上知天文，下

知地理，中知人事。天有九星，地有九洲，人有九脏，故立九道脉以应天地阴阳之数，此医之三才也。"（明代倪士奇《两都医案》）

"自《周易》《道德》《阴符》家言，以及天文、地理、音律、技击等无不通晓，尤精于医"的清代徐灵胎，亦说："不知天地人者，不可以为医。"（《医学源流论》）清代医家王秉衡在其《重庆堂随笔》中亦特别强调："格物之学，最为医家要务。凡物性之相制、相使、相宜、相忌，与其力量之刚柔长短，皆宜随时体验，然后用之无误。"

格物之学的三个维度涵括天地、充实生命、归于至简、直抵道源。老子说"至道者不繁"，孟子亦说"博学而详说之，将以反说约也"。两位贤师之言，都是在强调道法自然，大道至简，大道务实。因为中国的学问是"经世致用"的，而非"通经致庸"。

立正

"立正"一词，今人认为是在描述身体姿势，但其本义为"立其正大"。

孔子讲"三十而立"，那究竟什么是"立"？南朝经学家皇侃说："立，谓所学经业成立也。古人三年明一经，从十五至三十，是又十五年，故通五经之业，所以成立也。"皇侃认为将五经学完并能贯通，才是孔子认为的"立"。

"正大"一词出自《易经·大壮》的象辞："正大，而天地之情可见矣。"王弼注曰："弘正极大，则天地之情可见矣。"

历史上使用"正大"一词者颇多，如苏轼《张文定公墓志铭》："世远道散，虽志士仁人或少贬以求用，公独以迈往之气，行正大之言，曰用之则行，舍之则藏。"明代谢榛《四溟诗话》卷一曰："文不可无者有四，曰体、曰志、曰气、曰韵。作诗亦然，体贵正大，志贵高远，气贵雄浑，韵贵隽永。"清代曾国藩《致刘孟容书》："孟氏而下，唯周子①之《通书》，张子②之《正蒙》，醇厚正大，邈焉寡俦。"等等。

"立正"一词落实到身体上，是有其内在大义的。

被中国学术界尊之为"一代宗师"的近代大学者钱穆先生，对老师非常怀念和敬重，在其《八十忆双亲师友杂记》中，专门记载了一位令他印象颇深的中学体育老师刘伯能先生对学生"立正"的训话，至今读来，仍荡气回肠！

他说："白刃交于前，泰山崩于后，亦凛然不动，始得为立正。遇烈日强风或阵雨，则说：汝辈非糖人，何怕日？非纸人，何怕风？非泥人，何怕雨？怕这怕那，何时能立！？"

世人皆知，糖人怕日照，日照即化；纸人怕风吹，风吹即散；泥人怕雨打，雨打则融。倘若做人做事形如糖人、纸人和泥人，望日寻凉，见风躲风，逢雨避雨，恐难"立"于世矣！

你看，这位体育老师多么了不起！他通过一个普普通通的"立正"，就把古代君子豪杰的气象灌输到了青少年身上——不要以为站

---

① 周子，指周敦颐。
② 张子，指张载。

直了就算立正！内心要充实强大，人往那里一站，精神上要能顶天立地，才是真正的立其正大！

生命如此浩然，简直是豪气干云！

这位体育老师所讲的"立正"，带给我们三个启示：第一，人生无论遇到什么问题，都不应该影响你思想的饱满和意志的丰沛；第二，自己不要放弃成就自己的权利；第三，"行有不得，反求诸己"，才是真善人！

其实，立正是为立志打基础的——人心正大，志向才能大义磅礴。正如明代袁黄《了凡四训》所言："人之有志，如树之有根，立定此志，须念念谦虚，尘尘方便，自然感动天地，而造福由我。"

值得一提的是，日本私立大学中，历史最悠久的是创立于1924年的立正大学，原为佛教系大学，名字即取自"立正大"之义。

现今"立正"一词仅见于人体姿势之表述，原始词义已被严重弱化。

明堂

北宋大儒周敦颐《易通》曰："圣人之精，画卦以示；圣人之蕴，因卦以发。"

在中国文化中，"尊时守位"是中国智慧的核心精蕴，就像鱼儿不能离开水，鸟儿不能离开天空，人类不能离开大地一样。故《易》曰，"存其位""圣人之大宝曰位"。圣人最大的法宝，就是各就各位，做好自己。如同帮人，要做到只帮忙别添乱，才有惬功。

日本在建立天皇系统时，即是按《易经》来酿取名字的。比如，明治天皇的名字是源于《易经》中"圣人南面听天下，向明而治"之句。

而这个"向明而治"，是中国数千年传统建筑所恪守的最基本规制——在后天八卦的方位中，南面的五行为火，对应离卦，主神明和光明所在，因而要开阔、光明、平坦；而离卦在人身体上表征为心和前额，所以人心要光明，前额要开阔光润。发端于黄帝时期的"明堂"一词，其意义即源于此。

在黄帝时期，"明堂"是一种建筑，是黄帝测天象、观四方和举行重大政治文化活动的场所，后来成为古代帝王所建的最隆重建筑物，用于朝会诸侯、发布政令、秋季大享祭天并配祀祖宗。《孟子·梁惠王下》载："夫明堂者，王者之堂也。"《吕氏春秋通诠》载："明堂中方外圆，通达四出，各有左右房……左出谓之青阳，南出谓之明堂，西出谓之总章，北出谓之玄堂。"《礼记正义》卷三十一"明堂位第十四"载《明堂月令》："明堂高三丈，东西九仞，南北七筵，上圆下方……八窗四闼，布政之宫，故称明堂。明堂，盛貌。周公祀文王于明堂，以配上帝五精之神，太微之庭……"《史记·孝武本纪》载："而上乡儒术，招贤良，赵绾、王臧等以文学为公卿，欲议古立明堂城南，以朝诸侯。"《明堂赋》是唐代诗人李白创作的一篇赋文。此赋当是李白亲见东都明堂后，专门作来盛赞明堂之宏大壮丽，展现开元盛世的雄伟气象。

值得一提的是，明堂建筑中还有十二宫，帝王每月依次轮流居住其中一室。《乐府诗集·木兰诗》中"归来见天子，天子坐明堂"之句，更是为人熟知。

在历代皇帝泰山封禅中，明堂是帝王祭祀活动的重要场所。古人认为，明堂可上通天象，下统万物，天子在此既可听察天下，又可宣明政教，是体现天人合一的神圣之地。汉武帝东封泰山时，在泰山设明堂，后又在女姑山（今青岛城阳区流亭街道女姑山）设明堂。

此后，"明堂"一词渐渐衍生出了以下多元语义：

其一，指"券台"，亦称"墓前祭台"，如《后汉书·独行传·范冉》载："其明堂之奠，干饭寒水，饮食之物，勿有所下。"李贤注："此言明堂，亦神明之堂，谓圹中也。"这里的明堂是指神明所在之所。

其二，与风水有关。元代郑光祖《老君堂》第一折曰："倒塌了明堂瓦舍，崩损了石器封坛。"这里的明堂是指墓前的地气聚合之处。明代傅振商所著《地理醒心录》中亦专有"明堂"内容。

在现实生活中，现代建筑的明堂对公共场所而言，是指大堂；对住宅而言，则是指客厅。无论是大堂还是客厅，二者都不能发暗（如同人印堂不能发暗一样），否则预示着时运不佳。

其三，指身体部位。中国古代于人身体上，将前额称为明堂，尤其是眉心位置为明堂的核心。其气色喜见金黄明亮，代表人运当令；若是发暗，则代表时运不佳。

将明堂对应前额的描写，古代文献记载颇多，如唐代李白《汉东紫阳先生碑铭》："明堂平白，长耳广颡。"元代马致远《任风子》

第一折："一箇拳来到眼跟前，轻躲过臂忙搧……这一箇明堂里可早叉翻背，这一箇嘴缝上中直拳，这一箇扑的腮揾土。"

此外，中国文化强调"物物一太极"，落实在手上的话，明堂则指掌心。

其四，为中医用语。在中国历史上，早有《黄帝明堂经》（亦称《明堂经》）问世，最早引录该书的是魏晋时期的《针灸甲乙经》——书中载有雷公问人的经络血脉，黄帝乃作明堂以授之，因而后世医家称标明人体经络、针灸穴位的图为"明堂图"，且将人体的一个具体针灸穴位称为明堂。

因为《针灸甲乙经》是一部类书，未能按《明堂经》原典抄录，使得该书全貌多有佚失。在唐代，朝廷曾两次下令重修《明堂经》，一为甄权撰修之《明堂图》，一为杨上善奉敕撰注之《黄帝内经明堂》十三卷，另有杨玄操注本《黄帝明堂经》。其中，杨上善的《黄帝内经明堂》保留较多《黄帝明堂经》原典内容，遗憾的是，现仅残存序文和卷一部分——现藏于日本仁和寺中，其内容被日本的丹波康赖所撰的《医心方》辑录。这也算是不幸中的万幸！

此外，与明堂有关的医作还有：唐代《孙思邈明堂经》，宋代官修《太平圣惠方》中卷第一百《明堂序》，元代佚名作者的《西方子明堂灸经》，等等。

其五，与道教修行有关。道教称两眉之间为"天门"，入内一寸为"明堂"，相关著作以《上清明堂元真经诀》为代表。明代吴承恩《西游记》第二十二回所载的"明堂肾水入华池，重楼肝火投心脏"，也是对修行的描述。

明堂另有方言院子和打晒粮食的场地等义。

综上所述，因明堂为"王者之堂"，因而该词具有威权、号令之意，因此，历代帝王都很重视。据《汉书·郊祀志下》载："上欲治明堂奉高旁，未晓其制度。济南人公玉带上黄帝时明堂图……于是上令奉高作明堂汶上，如带图。及是岁修封，则祠太一、五帝于明堂上如效礼。"是说，汉武帝刘彻有一次巡游泰山，见一古明堂遗址，便想恢复重建。但文武百官均未见过黄帝时期的明堂建筑，因而对其规制莫衷一是。这时，善于逢迎的公玉带便伪造了一幅黄帝时期的"明堂图"进献，汉武帝采纳并下令修建。一年后修成，里面祭祀的是太一和五帝。对于这种建筑以及如此安排，百官们一直争论不休，无有共识，而公玉带则因此被称为"搞明堂"的人。

后来，唐代的武则天也曾动有建造明堂的念头，并要求臣众建言明堂造式之法。于是，与汉代一样，又有人投其所好，写出《黄帝明堂经》进献。武则天看后大喜，准备大兴土木，却因大臣刘允济写有《明堂赋》，讽喻这一劳民伤财的举动，遂打消了念头。

但是，汉、唐两位国主对"明堂"的一番操作举动，使得"搞明堂"作为一个别出心裁、胡作非为、玩花样之意的词语，渐渐广为流传，至今未艾。

后来，因为"明"与"名"同音，故"明堂"亦作"名堂"。如，元代王礼所撰《麟原文集》载："以名堂示不忘先祖梦兆也"；又"自乐力行之，以无负名堂之意"。清代许廑父《青楼宝鉴》第五十三回载："余庆说：'你可别在这里面搞名堂。弄出点儿什么事情来，大家脸上不好看。'"

是的，人生在世，富贵稳中求，千万不要没事找事，乱"搞明堂"，到头来，反受其害，狼藉一身，得不偿失！

知音

中国文化是研究一切与天地相通的学问的，它涵容万事万物，当然声音也不例外。关于什么是"物"，周代的函谷关关令尹喜说："凡有貌、像、声、色者，皆物也。"可见，声音具有无量义，亦属于《大学》所言"格物"智慧的范畴，更是探究生命轨迹的方便法门。

声音是"修五行之造化，辨六腑之根苗，发五脏之驻所，汇诸灵而成音"的。

"声音"二字，声是声，音是音，二者有区别。《周礼·地官·鼓人》云："单出曰声，杂比曰音。"例如，两手击掌发出来的就是声，撞钟后钟所发出来的绵延之响声就是音。中国医院中的超声波，在日本医院被称为"超音波"，这就是对声和音的理解不同所致。

关于声音，《礼记·乐记第十九》曰："凡音者，生人心者也。情动于中，故形于声。声成文，谓之音。""知其声不知其音者，禽兽是也；知音而不知乐者，众庶是也。"那些只能听懂声而不能听懂音的，是禽兽；只知其音而不知其乐者，是寻常百姓。这个标准是古人对君子所提出的基本要求，从中亦可见声、音之不同。

声音在古代被称为"五声"和"五音"，其分类相同。"五声"

一词最早出现于《周礼·春官》:"皆文之以五声,宫商角徵羽。"而"五音"最早见于《孟子·离娄上》:"不以六律,不能正五音。"

依格物维度而言,古人将"闻声知情"的功夫谓为"知音",即:听声音便可判断人与事物的发展节律!这个结论听起来似乎很玄,但历史上葆有这种格物功夫的人却屡见不鲜!

《易经》曰:"圣人南面听天下,向明而治。"这个"听天下"便是圣人"知音"的功夫。只可惜,今人知显知微者寥寥,即使真人就在眼前,也不识耳。

中国文化是圣化的教育,秉承比肩圣贤、见贤思齐的道统。中国古代几乎每个行业都有自己的圣人,比如茶圣陆羽、书圣王羲之、画圣吴道子、剑圣裴旻(李白的老师)、厨圣伊尹(商汤宰相)、医圣张仲景、乐圣师旷,等等。

被尊为乐圣的师旷,字子野,生于公元前六世纪,东周晋平公时人。生而失明,然博通前古,以道自将,谏诤无隐。其鼓琴,感通神明。万世之下,言乐者必称师旷。师旷与孔子生活在同一时期,虽双目失明,却贵为晋国太宰。史有"师旷瞽而为太宰,晋无乱政"之评价。史传其于乐无所不通,休咎胜败,闻声可知。据《左传·襄公十八年》载:"晋人闻有楚师,师旷曰:'不害,吾骤歌北风,又歌南风,南风不竞多死声,楚必无功。'"公元前 555 年,晋平公带兵攻打齐国,回程行至祝阿,与诸侯饮酒时,突然听到楚国攻打郑国的消息,因而担心郑国被攻下。师旷在旁吹奏律歌,先奏北风曲,又奏南风曲。因南风曲代表楚国,发现其曲结尾乏力不稳,无终止感,因而断定楚国这次军事行动不会达到预期结果。

后来，事情的发展果如师旷所言！

这个目盲的师旷，仅凭声音便能预知战争结果；后来晋平公听琴师师涓演奏新曲，被在旁聆听的师旷当场揭为"靡靡之音"和"亡国之音"，今日闻来，实在是不可思议！

明代王阳明说："圣人之心如明镜，只是一个明，则随感而应，无物不照。故圣人只怕镜不明，不怕物来不能照。"这个能照的心，大而无外，小而无内，灵明一源。

对师旷而言，他可是耳如明镜啊！

无独有偶，三国时期的蔡邕也是"知音"的高人。当年，蔡邕在吴地，某日夕食时，他在村中行走，恰遇一户人家烧桐木生火做饭——古称"烧爨"。蔡邕从这户人家门口经过时，突然间停了一下，愣了稍许，然后返身进院，对主人说道："快点儿把烧的木头拿出来！"主人问："怎么了？"他说："快点儿拿出来！"然后就跟主人一起，把正在燃烧的桐木拽了出来。主人不解，蔡邕说："你知道吗？我听到这个木头燃烧的声音极佳，是做琴的好料！"然后又问："这木头我要买下来，需要多少钱？"主人说："这要什么钱！所有柴禾都是从山上就地取材来的，又不花钱，再说也烧了，你要就送给你吧。"蔡邕如获至宝，高高兴兴地把木头拿走，回去就用它做了一把琴。琴声异常精妙，从此琴不离身，走到哪儿带到哪儿。因为桐木已部分被烧毁，做成琴后，该琴琴尾有烧焦的痕迹，时人称为"焦尾琴"。这就是中国古代四大名琴之一"焦尾琴"的来历。

"相识满天下，知音能几人？"关于知音，流传最广的莫过于战国时期的俞伯牙和钟子期的故事。

俞伯牙是楚国人，从小天赋极高，尤喜音乐，拜当时著名琴师成连为师。学琴三年后，即成名师，但俞伯牙仍常常为自己在艺术上达不到更高境界而苦恼。老师成连知其心思后，便将他推荐给自己的老师万子春——一个住在东海（山东蓬莱一带）的岛上，琴艺高超，对音乐有独特感受力的人。

后来，伯牙跟万子春学了一段时间之后，发现最好的老师不是人，而是大自然。有一天行船逢雨，在山边避雨时，伯牙耳听淅沥的雨声，眼望雨打江面的生动景象，琴兴大发，抚琴而奏。伯牙正弹到兴头上，突然琴头上的几根弦颤了几下。伯牙心里一惊：难道周围有人在听我弹琴？伯牙遂放下琴，走出船外，果然看见岸上林边站着一位樵夫在听他弹琴。伯牙趋步上前，问其名字，樵夫答道："钟子期。"伯牙问道："我刚才弹的曲子你听出来什么了吗？"子期赞道："听出来了。多么巍峨的高山啊！"伯牙很惊讶，于是又弹一曲，子期赞道："多么浩荡的江水啊！像长江、黄河从我面前飞奔而去。"伯牙听完既佩服又激动，对钟子期说："这个世上只有你听得懂我的心声，你真是我的知音啊！"于是，二人结为生死之交。

俞伯牙与钟子期约定，待周游完毕后便去拜访他。可当伯牙游历完，如约来找子期时，村人说子期已因病去世了！伯牙闻言，悲痛欲绝，奔到子期墓前，为他弹奏了一首满是怀念和悲伤的曲子后，将琴摔毁，从此再不鼓琴。有人问伯牙：为什么要与琴绝缘？伯牙说："断琴为知己，无人再懂肺腑音。"天下再无我的知音，即使我琴艺再高，但如果都弹给那些听不懂的人，又有什么意思呢！

这便是传世两千多年的"知音"的故事，非常动人！

可见，相较原义而言，我们所理解的"知音"已经被大大矮化了词义，甚至丧失了本可以学到的"知音"功夫。

流行

古人所言的"流行"，本义是流动、行走，最初源于天地间流动的五行之气。

五行所对应的势能，就是天地间万物一时的动向所现。比如春天的五行为木，春天最映人眼目的是大地植物生发，一片片郁郁葱葱的景象；夏天的五行为火，最映人眼目的是百花齐盛、繁花似锦的景象；秋天的五行为金，最映人眼目的是秋日硕果累累的收成之象；冬天的五行为水，最映人眼目的是一片寒凉、水冻冰寒之象。这些就是大自然中五行流动的现象，古人简称为"流行"。这些常态的四季流行之景象，都是有定数的。并且，古人认为天灾祸患的流行也是有定数的，如清代解鉴《益智录》卷之八《齐氏》载："天灾流行，洵有定数也。"

人们一谈及定数，就会想到"命"，最为常见的就是《论语·为政》所言的"五十而知天命"，以及《论语·尧曰》所言的"子曰，不知命，无以为君子也"等名句。而对于"命"的阐述，宋代陈淳专门写道："命，犹令也，如尊命、台命之类。天无言做，如何命？只是大化流行，气到这物便生这物，气到那物又生那物，便是分付命令他一般。"（《北溪字义·卷上·命》）

也就是说，"命"就是上天所给付的指令。正因如此，我们才会在《黄帝内经》等医学典籍中见到很多有关"流行"的内容。因为"流行"一词与天道变化、时令节气、人体气机运行有着密切关系，因而该词语在古代为医家所常用。

宋代《圣济总录》卷第一百二十五《瘿瘤门》载："瘤之为义，留滞而不去也。气血流行不失其常，则形体和平，无或余赘。"

《辽史》卷一百九《表第一》载："人动静无方，居止靡常。天主流行，地主蓄泄，二气无往而弗达，亦惟人之所在而界付焉。"

清代黄宗羲《明儒学案》之"县令周谦斋先生坦"篇记载："瞑目静坐，此可暂为之。心体原是活泼流行，若长习瞑坐，局守空寂，则心体日就枯槁，非圣人之心学也。"又"主事黄洛村先生弘纲"篇云："存主之明，何尝离照？流行之照，何尝离明？"

清代徐大椿《医学源流论》卷上《薄贴论》："盖人之疾病，由外以入内，其流行于经络脏腑者，必服药乃能驱之。"

…………

后来，医家之用句逐渐延伸至百姓日用之中，"流行"一词就逐渐涵盖了所有维度。如，清代乾隆年间王维德所撰的《外科证治全生集》载："是集流行已久，缙绅之家，几于家置一编。"足见该书的热度。而清代《扫迷帚》第五回云："若鄙为不屑措意，听其谬说流行，这就是大大的不是了。"这里的"流行"指的不是实物，而是一种观点。

如今，"流行"一词已经通用于各行各业，尤其成为服装、发型、装饰品、建筑风格等领域常见的词语了。

此外，"布"在古代亦为货币名。货币为人人所追慕，因而古人将此流行之物称为"流布"，取其货币广为流行之意。

社会

欲了解"社会"一词，需先了解什么是"社"。

《说文》释曰："社，地主也，从示土。""社"即最初堆土祭祀土地神的地方。这种意识的建立，最初源于先民对土地本身的直接崇拜，后来则慢慢演变出"社稷祭祀"制度——将祭祀土地神的地方称作"社"。汉代王充《论衡》卷十五载："礼祭社，报生万物之功。土地广远，难得辨祭，故立社为位，主心事之。"又将祭祀谷物神的地方称作"稷"，而将"社稷祭祀"简称为"社祭"。这种活动在殷商时期即已流行，具体包含社配、社主、社尸、祭法、祭品等内容。

随着时间的推移，先民们逐渐将祭祀土地神的处所称为"神社"，将地方基层行政单位称为"村社"（以 25 家为社），村社所在地称为"社宫"。社宫除了祭祀土地神之外，还用于祈雨——《旧唐书·文苑传下·司空图》载："岁时村社雩祭祠祷，鼓舞会集。"

社宫除为祭祀之所外，还是召集村民聚会议事、蒙熏族训的场所。这些公共活动逐渐导致古代社学乡馆的发源——元、明、清时期，官府开始在社宫设立官办的社学。元代时，设立 50 家为一社的制度，每社设学校一所。拣选通晓经书者为教师，施引教化，农闲时令子弟入学，读《孝经》《小学》《大学》《论语》《孟子》，并以教劝农桑为主要课程。

明代的王阳明对社学非常重视。他从朱宸濠的叛乱中，痛感人心险恶堕落、世风浇薄日下，发现社会动乱腐败的根源俱在"人心"，因而从整顿推广礼乐教化入手，大兴社学书院，从最基层的社学乡馆的童生教育抓起，教化人心，敦厚礼俗，成为他一贯的文治教化之道。王阳明首先向府县发布了一则《兴举社学牌》，接着颁发了《社学教条》，各府县闻风而动，兴办社学。赣州府城里办起了五大社学：东为义泉书院，南为正蒙书院，西为富安书院与镇宁书院，北为龙池书院。各县社学也如雨后春笋般兴起，多选行端德淳的师儒为讲读，选秀慧子弟分入书院，教之以歌诗习礼，申之以忠义孝悌。王阳明亲自作《教约》《训蒙大意》，连同自己的《传习录》一起颁发给各社学。他也亲自到社学教导童生歌诗、习礼、读书。王阳明认为，社学"惟当以孝悌忠信礼义廉耻为专务"，以歌诗习礼诵读为涵育培养之方，"诱之歌诗，以发其志意；导之习礼，以肃其威仪；讽之读书，以开其知觉"。从中可见王阳明对社学的重视与贡献！

后来，由于人们常常会集于社宫和社学，形成了不同的集合体，于是人们开始逐渐使用"社会"一词，并成为常用熟语。例如，宋代吴自牧《梦粱录·卷二·三月》："诸军寨及殿司衙奉侍香火者，皆安排社会，结缚台阁，迎列于道，观睹者纷纷。"明代无名氏《白兔记·第三出》："今年社会，可胜似上年么？（净）今年齐整，跳鬼判的，踏跷的，做百戏的，不能尽述。"足见，"社会"一词的历史迄今已逾千年。

古代特别重视在社日举行社祭。因社日是古代农民祭祀土地神的节日，对其具体时间也有明确规定。《历书》云："立春立秋后，五戊为春秋社。"立春、立秋后第五个天干是"戊"的日子为社日，但有些地方也间或有四时致祭者——周代"春秋祭社，日皆用甲"（《周礼注疏》卷十二），采用甲日祭社；而汉至唐各代则略有不同，但以"五戊为春秋社"最为普遍。且逢春、秋社日，全国放假一天，唐宋尤甚。足见对社日的重视程度！

《梦粱录》卷一《二月》载："立春后五戊日为社，州县祭社稷，朝廷亦差官祭于太社、太稷坛。州府自收灯后，例于点检酒所开支关会二十万贯，委官属差吏雇唤工作，修葺西湖南北二山，堤上亭馆园圃桥道，油饰装画一新，栽种百花，映掩湖光景色，以便都人游玩。"是说，每逢社日，官府会举行官祭，并出钱美化环境，助力百姓举行集会竞技，进行各类作社表演，丰富社庆活动。南宋辛弃疾在《永遇乐·京口北固亭怀古》中便写道："可堪回首，佛狸祠下，一片神鸦社鼓。"这里的社鼓，指的就是社日祭祀土地神时敲的鼓。作社表演之后便是集体欢宴，表达他们对减少自然灾害、祈望丰收的美好祝愿，尤其在江浙一带，一年两稻，至仲春仲秋的社日，稻粱已肥，田里庄稼长得很好，丰收在望，值得庆祝，可借此际开展丰富的娱乐活动，如"鹅湖山下稻粱肥，豚栅鸡栖半掩扉。桑柘影斜春社散，家家扶得醉人归"。（晚唐诗人王驾《社日》）作者描写了鹅湖山下稻粱肥硕，丰收在望，牲畜圈中猪肥鸡壮，户户门扉半掩，斜阳将桑柘树林照出长长的影子时，春社活动也结束了，家家搀扶着醉酒之人归去。这种场景，充满了热气腾腾的人间烟火味道。

社日景象十分欢愉，画面感十足，令人非常向往！

唐代大诗人杜甫也在诗中写到社日的宴饮之事："步屦随春风，村村自花柳。田翁逼社日，邀我尝春酒。"（《遭田父泥饮美严中丞》）

北宋谢逸在《社日》一诗中亦记载了别样的社日雅景："雨柳垂垂叶，风溪澹澹纹。清欢唯煮茗，美味只羹芹。饮不遭田父，归无遗细君。东皋农事作，举趾待耕耘。"雨水使柳叶下垂，微风将溪水吹得波纹缕缕。颔联写了春社上的活动，人们煮茶品茗，烹芹为羹，悠然自得，乐在其中……在这趣味盎然的情景之中，展现了作者不改隐居初衷的决心。

遇到社日下雨，古人亦有记载："社公、社母不食旧水，故社日有雨，谓之社翁雨。"（清代蒋义彬《千金裘》卷十七《人部》）

古人还有关于社日出生的人"皮毛皆白"的记载——清代陈士铎《外经微言》"社生篇"载："少师问曰：人生而白头，何也？岐伯曰：社日生人，皮毛皆白，非止鬓发之白也。少师曰：何故乎？岐伯曰：社日者，金日也。皮毛须鬓皆白者，得金之气也。少师曰：社日非金也，天师谓之金日，此余之未明也。岐伯曰：社本土也，气属金，社日生人犯金之气。金气者，杀气也。少师曰：人犯杀气，宜夭矣，何又长年乎？岐伯曰：金中有土，土乃生气也。人肺属金，皮毛亦属金，金之杀气得土则生，逢金则斗。社之金气伐人皮毛，不入人脏腑，故得长年耳。少师曰：社日生人皮毛鬓发不尽白者，又何故与？岐伯曰：生时不同也。少师曰：何时乎？岐伯曰：非己午时，必辰戌丑未时也。少师曰：己午火也，火能制金之气，宜矣。

辰戌丑未土也，不助金之气乎？岐伯曰：社本土也，喜生恶泄，得土则生，生则不克矣。少师曰：同是日也，何社日之凶如是乎？岐伯曰：岁月日时俱有神司之，社日之神与人最亲，其性最喜洁也，生产则秽矣。两气相感，儿身受之，非其煞之暴也。少师曰：人生有记，赤如朱，青如靛，黑如锅，白如雪，终身不散，何也？岂亦社日之故乎？岐伯曰：父母交媾，偶犯游神，为神所指，志父母之过也。少师曰：色不同者，何与？岐伯曰：随神之气异也。少师曰：记无黄色者，何也？岐伯曰：黄乃正色，人犯正神，不相校也，故亦不相指。不相指，故罔所记耳。"

对此，亦有后人持不同观点，见仁见智，各抒己见。

关于社日的具体活动，文献记载颇为丰富：

后晋刘昫所编《旧唐书》卷二十四《志第四》中的"礼仪四"载有"春秋二仲之礼""祭社稷于社宫"，更有具体的仪式："仲春、仲秋二时戊日，祭太社、太稷，社以勾龙配，稷以后稷配。社、稷各用太牢一，牲色并黑，笾、豆、簠、簋各二，铏、俎各三。春分，朝日于国城之东；秋分，夕月于国城之西。各用方色犊一，笾、豆各四，簠、簋、〈登瓦〉、俎各一。孟春吉亥，祭帝社于藉田，天子亲耕；季春吉巳，祭先蚕于公桑，皇后亲桑，并用太牢，笾、豆各九。将蚕日，内侍省预奉移所司所事。诸祭祀卜日，皆先卜上旬；不吉，次卜中旬、下旬。筮日亦如之。"从这些历历分明的社祭程序可以看出，古人对社日是十分重视的！"满城人尽闲，惟我早开关。惭被家童问，因何别旧山？"这是唐代令狐楚的《社日早出赴祠祭》一诗，描写诗人早早出关，赶去参加社祭的情景。

金代元好问《遗山集》中的《春日》诗中写有春社的喜庆气氛："里社春盘巧欲争，裁红晕碧助春情。"

明代陈宪章《社中》诗曰："社日年年会饮同，东原西埠鼓冬冬。无人不是桃花面，笑杀河阳树上红。"想来场面无比欢庆，酒也喝得十分尽兴。

每年春社日前后，往往也是古代"花朝节"之际。这个源于春秋、盛于唐宋的"花朝节"亦名"花朝会""花神节""百花生日"。宋代戴复古在《花朝侄孙子固家小集》一诗中写道："今朝当社日，明日是花朝。佳节唯宜饮，东池适见招。绿深杨柳重，红秀海棠娇。自笑鬓边雪，多年不肯消。"人们在春社之日纷纷郊游雅宴，加之次日又是花朝节，平添诸多喜庆。人头相簇，观景赏花，在柳绿花红中饮酒赋诗，把酒言欢。笑看两鬓斑白如雪的头发，坚韧地陪伴着自己，渐长渐多。

宋代孟元老在《东京梦华录》中则详尽地记载了"秋社"的活动："八月秋社，各以社糕、社酒相赉送贵戚。宫院以猪羊肉、腰子、妳房、肚肺、鸭饼、瓜姜之属，切作基子片样，滋味调和，铺于饭上，谓之'社饭'（为时下'盖饭''便当'的原型），请客供养。人家妇女皆归外家，晚归。即外公姨舅皆以新葫芦儿、枣儿为遗，俗云宜良外甥。市学先生预敛诸生钱作社会，以致雇倩、祗应。白席、歌唱之人，归时各携花篮、果实、食物、社糕而散。春社、重午、重九亦是如此。"且"秋社日，朝廷及州县差官祭社稷于坛"。（宋代吴自牧《梦粱录》卷四《八月》）看来社日的活动是十分丰富的。并且，唐、宋以前，社日还要停止针线活——唐代张籍《吴楚歌》："今朝社日停针线，起向朱樱树下行。"明代谢肇淛《五杂俎·天部二》："唐宋以前皆以社日停针线，而不知其所从起。余按《吕公忌》云'社日男女辍业一日，否则令人不聪'，始知俗传社日饮酒治耳聋者为此，而停针线者亦以此也。"（参阅宋代陈元靓《岁时广记·二社日》、清代顾炎武《日知录·社日用甲》）

宋代陆游还专门写有《秋社》诗："明朝逢社日，邻曲乐年丰。稻蟹雨中尽，海氛秋后空。不须谀土偶，正可倚天公。酒满银杯绿，相呼一笑中。"读来令人欢喜！

有了春社、秋社，古诗中就相应出现了"社燕"之谓。《格物总论》曰："燕，玄鸟也，齐曰燕，梁曰乙，大如雀而长，布翅歧尾，巢于屋梁间，春社来，秋社去，故谓之社燕。"（清代陈元龙《格致镜原》卷七十八引）

古代文人常借"社燕"之名吟咏抒怀，如：

唐代羊士谔《郡楼晴望》诗："地远秦人望，天晴社燕飞。"

唐代杨万里《春晴怀故园海棠二首其一》："万物皆春人独老，一年过社燕方回。"

宋代苏轼《送陈睦知潭州》："有如社燕与秋鸿，相逢未稳还相送。"

宋代黄庭坚《西江月》："莫将社燕笑秋鸿，处处春山翠重。"

宋代曾觌《朝中措》："休论社燕与秋鸿，时节太匆匆。"

宋代陆游《满江红》："人正似，征鸿社燕，几番轻别。"

金代蔡松年《一剪梅·白璧雄文冠玉京》："年年社燕与秋鸿，明日燕南又远行。"

明代朱应登专门写有《社燕吟》："不忍轻飞去，低回绕井栏。情知归计决，只为别巢难。"

清代方文《雨夜宿宋玉叔署斋分韵明日将之宛陵》："官轻如社燕，南北任孤飞。"

…………

这些诗词都成了古代社学文化的重要组成部分。

此外，古代对社树的树种也有要求，通常选用桑、梓二木。桑叶是蚕的主要食物，梓树也为皇家所尊。关于"社稷坛"之建造，历代文献亦有记载。但凡涉及国家层面所用，必须使用五色土——对应东西南北中五行之色的土壤，寓意"普天之下，莫非王土"，四方来朝、八方进贡之意，也被视为权力的象征，故原则上专供朝廷使用。迄今为止，北京中山公园内仍然保留着明代所建的社稷坛：东方为青色、南方为红色、西方为白色、北方为黑色、中央为黄色。五色土的使用，寄托着人们对均衡和平稳的向往。

而关于五色土的文献记载，历史也很悠久。《尚书·禹贡》载："徐州厥贡五色土。"《汉书·郊祀志》："徐州岁贡五色土各一斗。"《同治·徐州志》："赭土山产五色土，贡自夏禹，汉元史五年，唐开元至宋皆有入贡。"可见，早在夏商时期，徐州便是五色土的产地，并且每年都要进贡，在楚王山取贡土进奉，供君王封坛立社之用。同时随着政治分封，徐州五色土又作为珍贵而神圣的祭品和镇物被请往各地。民间亦将其作为安宅、入药、制器、宁神之物。

相关的社日和社学等文化，亦为日本人所重视并运用于百姓日用之中。其中最有代表性的就是位于奈良公园的春日大社（旧称

"春日神社"），这个早在 1300 年前就已建成的春日大社，既是奈良的守护神社，也是日本全国各处春日大社的总部，1998 年作为"古都奈良的文化财"的一部分而被列入联合国教科文组织的《世界文化遗产》名录。春日大社迄今依然保留着每隔 20 年翻新一次社殿的"式年造替"制度，每天早晚都会举行侍奉神佛的仪式。春日大社参道两旁是数不清的爬满青苔的石灯笼。石灯笼通常由信徒奉纳，用于照明和驱邪。其中，春日大社的本殿由四个并立的社殿组成，在朱红色的回廊以及园内郁郁葱葱的参天古木的陪衬下显得尤为气势恢宏，而这也是神社内最令人瞩目的风景线。值得一提的是，这里的小鹿也非常温和，喂食后都会鞠躬致谢。

此外，奈良大峰山中灵峰弥山天河大辨才天社中的五社殿，也十分知名，它与春日大社一道被列入《世界文化遗产》名录。

日本这些从中国援引过来的社祭传统，成为教化一方、影响广泛的著名文化活动，每逢社祀之日，祭祀仪式都十分隆重。更值得一提的是，因为这些社学的缘故，日本逐渐产生了"社长"一词，并沿用至今。

时至今日，人们耳熟能详的"社工""社员""社团""社交""书社""剧社""报社"等词语，均为社学文化的瓜蔓。

并且，随着时间的推移，如今的"社会"一词也包含了"时代"的语义。例如，"这都啥社会了，你还把这些落后的东西当作宝贝？"

耗子

耗子，是民间对老鼠的俗称。为什么会有这样的称呼呢？

子，玄枵（应十二支子）之次，于辰在子，谓之困敦（言阳气混沌）。齐之分野，子应二十八宿虚、危之间。"虚宿"取象为鼠，《尔雅》释："虚，空也。"又"子，耗也"。故民间谓子鼠为虚耗之神，简称"耗神"，并称老鼠为"耗子"。

关于子为耗神，至少在汉代即已流行。汉代经学的集大成者郑玄注《月令》曰："季冬者，日月会于玄枵，斗建世之辰也。"隋朝萧吉《五行大义》亦载。

据唐代李淳风《乙巳占》卷三"分野第十五"载："女、虚，齐之分野。自女八度至危十五度，于辰在子，为玄枵也。玄者，黑也，北方之色；枵者，耗也。十一月之时，阳气在下，阴气在上，万物幽死，未有生者，天地空虚，故曰玄枵。"（玄枵，黄帝之嫡子也。颛顼墟。颛顼，黄帝之孙，昌仆之子也。《尔雅》曰：玄枵，虚也。颛顼之墟也。）

另外，"耗"是古代征收钱粮时，官府以损耗为名，在应交的钱粮之外强行摊派的附加部分，即所谓"苛捐杂税"。尤其是战乱年间，官府财力损耗很大，附加税之外还另立各种名目的苛捐杂税。而老鼠作为一种群居型啮齿类动物，通常喜欢寄居在人类的居所内，以食粮食为生，消耗人类资源，久而久之，民间便称其为"耗子"。

北宋五子之一的大儒邵雍在其《观物洞玄歌》中写道："公然鼠向日中来，不日耗资财。"不管老鼠是真的还是假的，是画的还是玩偶，等等，只要存在这个表象，就有它对应的势能，只不过轻重大小不同而已。

唐突

何为"唐"？

我们不能因为曾有盛唐，而忽略了"唐"的本义。唐，从庚，从口。"庚"字本义不明，但大多以乐器、采果实、筛糠器为原型，在古代有繁盛殷实的意思。这里取口中锦绣之意，即口出浮华大言谓之"唐"，后来多指言辞虚夸。

何为"突"？

"突"是个会意字，从穴，从犬。意思很简单，一条狗突然从洞里冲了出来。《说文解字》云："突，犬从穴中暂出也。"意思是让人毫无准备地受到惊吓，或者说被突起的事情冒犯。

"唐突"一词分别代入两字本义，即是"用口出大话让别人感觉受到冒犯"。后来引申为各种见面冒犯的自谦，不再局限于语言上的浮夸，也可能是动作上的唐突，或态度上的唐突。

关于"唐突"的解释，早在宋代的笔记著作中就有记载。

宋代"读书君"王楙写了一本笔记著作——《野客丛书》。该书内容博洽，以考辨典籍、杂记、宋朝及历代逸事为主，《四库全书总目》称其"位置于《梦溪笔谈》《缃素杂记》《容斋随笔》之间无愧色也"。其卷二十九专门有"唐突"一节，书载："《漫录》曰：律有'唐突'之罪。按马融《长笛赋》'奔遁砀突'，注：徒郎切，以'唐'为'砀'。李白《赤壁歌》'鲸鲵唐突留余迹'，刘禹锡《镜诗》'瓦砾来唐突'，此'唐突'字。魏曹子建《牛斗诗》'行彼七山头，欻起相搪突。'见《太平广记》。仆谓'砀、搪、唐'三字不同，皆一意尔。东汉陈群曰：'芜菁唐突人蓡在诸人之先。'正用此'唐'字。若引曹子建诗用'搪突'字，则《魏志》子建谓韩宣'岂应唐突列侯？'又用此'唐'字矣。晋人'无盐唐突西施'之语，乃用汉人之意，岂但见于唐人刘、李二公而已？汉碑有'乘虚唐突'之语，《孔融传》有'唐突宫掖'。"

从书中记载可见，"唐突"一词早在汉代即见使用，并且唐代李白、刘禹锡等人的诗作中亦有引用。除了曾出现'砀、搪、唐'三字不同之外，其本义则完全一样。

唐代刘禹锡《磨镜篇》全诗如下：

> 流尘翳明镜，岁久看如漆。
> 门前负局人，为我一磨拂。
> 萍开绿池满，晕尽金波溢。
> 白日照空心，圆光走幽室。
> 山神妖气沮，野魅真形出。
> 却思未磨时，瓦砾来唐突。

诗意是说，飞扬的尘埃遮蔽了明镜，久而久之，镜子看着就像涂了黑漆一样。门前来了一位磨镜师，给我将镜子磨拂一新。磨过的镜子像拨开浮萍后露出的满池碧水，又像月晕退尽泛溢出的金波。太阳照在明亮的镜心后，一束强光就反射进了暗室。山神妖气因之沮丧，野魅也现出了原形。回想镜子在未磨的时候，连瓦片石块都任意凌辱它。

近代梁启超《诗话》中有："更会串一戏，曰《易水饯荆卿》，其第一幕'饯别'内，有歌四章，以《史记》所记原歌作尾声，近于唐突西施，点窜《尧典》。"

准称

要想明白"准称"的意思，首先要了解一个计量工具——"秤"的来历。

在中国历史上，有很多人被尊为"财神"。其中，春秋末期著名政治家、军事家、经济学家"陶朱公"范蠡便是其中之一。范蠡是司马迁《史记》中排名第二的经济学家（第一为姜子牙，第三为子贡），后世誉其"忠以为国，智以保身，商以致富，成名天下"。

当年，范蠡帮助越王勾践复国之后，曾劝说同僚文仲一起离职，原因是"赵王为人长颈鸟喙，可与共患难，不可与共乐"。(《史记·越王勾践世家》）未承想，文仲贪取勾践所诺，不肯离去。无奈，范蠡抛却高官厚禄，出三江、逐五湖，乘一叶扁舟，离开吴越江南，来到了齐国，继续操其"计然"之术（根据时节、气候、民情、风俗等，人弃我取、人取我予，顺其自然、待机而动）而"治生"。很快，范蠡便发现了商机，当起了盐商。凭借其辽阔的视野与高明的运筹帷幄能力，没多久就成为一代巨贾。有了财富之后，他慷慨地帮助齐国发展经济，使得齐国国富民强。

据传，范蠡在齐国这段时间，做了一件功德无量、影响中国的大事——春秋末期，市场商品交易尚无标准计量工具，导致计量不准，投机取巧、缺斤少两之事屡屡不绝，因而难以做到公平。对此，范蠡是看在眼里，记在心间，思忖着如何发明一种精准的测量工具。

古往今来，有道之人皆有天助。不数日，范蠡无意中从一个农夫巧妙的汲水动作中焕发了灵感：农夫在井边竖起一高高的木桩，再将一横木绑在木桩顶端；横木的一头吊着木桶，另一头系上石块，此上彼下，轻便省力。范蠡看入了迷，心想：这不就是《易经》所言的"一阴一阳之谓道"吗？范蠡颇受启发，便仿此制造出新的衡器——杆秤——用一根细直木杆，一头钻上小孔，孔中系有麻绳，用手来掂拿；另一头拴上吊盘，盛装货物，一头系石为砣。砣距离绳越远，承载的货物就越重。秤是做出来了，但一头所挂货物的多少与另一头秤砣的远近平衡程度如何刻记，仍是一个大问题。对此，范蠡久思不得其解。

管子说："思之思之，又重思之，思之而不通，鬼神将通之。"（《管子·内业》）不懈地诚思，就会感天动地，能令鬼神相帮，以致豁然开悟。范蠡受精通天文的好友庄生影响至深，也喜欢观测星象。数日后的一天夜晚，正在观星的范蠡灵光乍现，突发奇想：老子说"人法地，地法天，天法道，道法自然"，是否可以借助星宿来作为标记呢？于是，他便用南斗六星与北斗七星来做标记，用白木刻黑星，为红木嵌金星，秤上第一颗星为定盘星，即"准星"，把秤砣挂在上面正好能与秤盘重量平衡。定好这个点，后面刻记秤星，并且在南斗六星与北斗七星之外再加上三颗星，分别代表福、禄、寿，一共十六颗星，称为秤星，对应十六两，时重为一斤。秤星代表"人在做，天在看。"因此，"我心如秤，不能为人低昂"。（明代杨慎《升庵集》载诸葛亮语）

秤星除了表数量之外，南斗六星还代表戒贪，北斗七星则代表中正，加上福禄寿三星，手拿这杆秤，如果缺斤少两——缺一两就会折福，缺二两就会少禄，缺三两则会损寿；如果给人多斤两，就会给自己增福、加禄、添寿。

有道必有德。范蠡发明的这种计量衡器一经上市，便迅速风靡，人们为了求取"福禄寿"，往往在称重足够之余，再向货物上添加一些，让货物看起来更尖耸、更丰满。于是，良善风气一时遍布，以至于路不拾遗，夜不闭户。这就是成语"无商不尖"的由来。

但是，天下之事从来都是利弊交关、予窃并存的。"为之权衡以称之，则并与权衡而窃之"，庄子把这一切看得清清楚楚！随着世风日下，社会动荡，人心凋敝，道德沦丧，以至于缺斤少两之事比比皆是。人们于是将"尖"改为"奸"，久而久之，原本美好的"无商不尖"就变成了今人熟知的"无商不奸"。这就是"字"以载道——一念善，则千里之外应之；一念恶，则千里之外违之。可见，心为万法之门啊，善恶皆由此出。

范蠡所发明的秤，是由秤杆、秤砣、秤盘三部分组成的。其中，秤杆称为"权"，秤砣称为"衡"。今人耳熟能详的"权衡"一词，就是从春秋时期开始流行的。手中拿有这杆秤，就要懂得权衡之道，不可胡作非为！能称量出人的诚信、正义才能称心如意——称你之心，如他人之意，这才是世风日上之源。

我的出生地辽宁鞍山，有很多少数民族。小时候，有这样一道亮景让我记忆犹新——在邻居的满族婚俗中，新郎用秤杆将新娘的红盖头轻轻挑起，抚摸一下新娘的头，然后再摸一下自己的头。老人们说，这寓意着结发的二人人品准称，婚姻美满，称心如意。

那时，我就牢牢记住了秤的美好！再后来，更是倍加赞叹范蠡对星宿的精通，也开启了我对天空的好奇。没有这个因缘，我至今都不会触碰涉及二十八星宿的庞大命题。

说到秤，不得不提及宋代文豪苏东坡的一件趣事。

明代《续传灯录》载："苏长公（苏东坡）抵荆南，闻师机锋不可触，拟抑之，即微服求见。师问：'尊官高姓？'曰：'姓秤，乃秤天下长老底（的）秤。'师震喝一声曰：'且道重多少？'公无对，于是尊礼之。"

这段故事是说，翰林学士苏东坡听说其眉山老乡，现居湖北荆南玉泉寺的承皓禅师禅门高峻，机锋难触，心中颇有不服。于是微服拜访，想要试一试承皓禅师的禅功如何。见面后，苏轼客套一番，傲气浮面，承皓禅师看在眼里，问道："请问尊官贵姓？"苏轼不平之意遂起，答道："姓秤，专门称量天下长老有多重的秤！"承皓禅师闻言，大喝一声，说道："请问，我这一喝你称称有多重？"苏轼闻言，瞬间茫然，无以为对，马上对承皓禅师十分谦恭礼敬起来。

自古文人多自傲！自以为文字知解就是证悟的文人，更是如过江之鲫，其实皆是作茧自缚，枉负年华。要知道，超越语言的身心灵透，才是真正的大白于天下。

苏轼身上类似的事还有不少。对此，当年与其交往至深的章惇最为了解，最后乃至不屑。但话又说回来，若非章惇当年于危急时刻，在朝堂之上当着皇帝和满朝文武，力抗比自己位高权重的宰相王珪，营救深陷乌台诗案的苏轼，苏轼的下场则不知如何惨烈了……

从苏轼的事件中可以看出，"性格决定命运"，绝非妄语。后世赞颂苏轼诗词高妙者屡屡不绝，但曹雪芹却在《红楼梦》中借贾宝玉之口说道："诗词一道，但能传情，不能入骨。"真是一语中的！可见，真正的文化绝不仅仅是能写些诗词歌赋与解读古典章句这么简单的。要知道，文化是智慧的体现，能执行的知识才有力量！

苏轼晚年振聋发聩的总结，迄今对我们仍有启发："某凡百如昨，但抚视《易》《书》《论语》三书，即觉此生不虚过。如来书所谕，其他何足道！"（《答苏伯固》）这里的《易》，是指其《东坡易传》。苏东坡强调，这一生因为有了《东坡易传》《尚书》《论语》这三本书，才觉得此生没有虚度，而这三本书也是其生命的精神安放所在！至于所写的那些诗词歌赋，根本不足道！孔子说，要真正了解人，则要"视其所以，观其所由，察其所安"。亡羊补牢，东坡未为晚矣。

世人很多都是活在自己识见的罗网之中，如蝇投窗。还有不少热爱东坡先生乃至以贩东坡为业者，并无真修实证，只是走近了东坡，探研其文学向度而已，并未真正走进东坡的生命。要知道，"走近"和"走进"是有着本质区别的。那些望文生义，以东坡附丽，惑众迷人，皆为自欺欺人，其误人慧命，害莫大焉！时下，泛滥的"东坡鸡汤"已经把无数高知浇得劈头盖脸，不仅斯文扫地，更是贻笑天下。

古语云："师为天下善。"但看那些坐而论道，临阵则人事不省，以贩卖先贤为业，实则毁人不倦者，自心都不知道跑到何处去流浪了。你怎能指望这些不善者培育出栋梁呢？

话又说回来，这世间，人人心中都有一杆秤，就是不知道准不准?！

自古以来，人无完人。眼是一把尺，看人先看己；心是一杆秤，称人也称己。在评论人与事时，要出言有尺，也要唏嘘有度，不用凡事都过秤。心到了，秤就准了；而你的秤越准，福气就越大。这就叫"人在做，天在看"。

喻为了突出丑的，而贬低了美的，亦作"唐突西子"。

走江湖

人们对"走江湖"一词并不陌生。南朝的谢灵运有诗云："范蠡出江湖，梅福入城市。"(《会吟行》)宋代大文豪苏轼亦有诗曰："人人走江湖，——操网钓。"(《曹既见和复次其韵》)

可是，最初的"走江湖"是什么意思呢？

先来看一则禅宗公案：

唐代时，住在南岳衡山的石头希迁禅师有一次问一位从江西马祖道一禅师处来参学的学僧道："你从什么地方来？"

学僧云："从江西来。"

希迁问："那你见过马大师吗？"

学僧云："见过。"

希迁随意用手指着一堆木柴问道："马祖禅师像一堆木柴吗？"

学僧无言以对。因为在石头禅师处无法契入，这位学僧就回到江西见马祖禅师，并述其事。马祖道一禅师听完后，安详地一笑，问学僧道："你看那一堆木柴大约有多重？"

学僧答："我没仔细量过。"

马祖说："你的力量实在太大了。"

学僧问："为什么呢？"

马祖道："你从南岳那么远的地方负了一堆柴来，岂不有力？"

在唐代，禅宗的学僧们不是到江西马祖禅师处参学，就是到湖南石头禅师处参学。因为马祖道一禅师较机锋凌厉的石头希迁禅师好沟通，说话容易理解，所以参学者往往先到马祖道一禅师那里求证，获得印可后，再到石头希迁禅师那里求证。当获得两人的印证之后，就步入了开悟之门。而这，也是禅宗的法子们人人梦寐以求的！

于是，人们就将禅宗学僧从江西马祖道一禅师那里再到湖南石头希迁禅师那里获得双重印证的过程称为"走江湖"。也就是说，"走江湖"原本是褒义的参学印证之意。

当年唐代高僧沩山灵佑禅师就是行走于江西与湖南之间，最后在湖南沩山觅得胜地，开创了禅宗的沩仰宗，推动禅宗法脉流布天下，令人激赏。

宋代王炎的《赠轮上座》直接道出了修行之路的心得："念旧今归楚，寻师久入吴。有缘依梵释，何事走江湖？休问传心印，当先觅髻珠。直须言语断，方不堕凡夫。"

⋯⋯⋯⋯⋯

从宋代开始，"走江湖"一词渐渐有了背井离乡、闯荡外界之意。如：

宋代吕本中《送钱子虚抚干往洪州赴新任二首·其一》："经过阅岁月，相伴走江湖。"

宋代朱南杰《陈梅隐求诗》："旱岁走江湖，那堪又岁除。"

编撰于宋代的《希叟绍昙禅师广录》提及"蚬子和尚"时说道："除了捞波一窖无，逢人谩说走江湖。"这里的"走江湖"，是空行江西和湖南，没有获得真谛之意。

明代吴承恩《西游记》第八十四回："众贼道：'走江湖的人都有手眼，看这柜势重⋯⋯'"

清代全祖望《鲒埼亭集》载："事败亡命走江湖，妻子满狱弗恤也。"

清代朱克敬《瞑庵杂识》："短衣长剑走江湖，肝胆无双气太粗。"

清代刘一明《会心集》："看破浮生一也无，单身只影走江湖。"

值得一提的是，很多人在外面闯荡久了，是否开悟不得而知，但圆滑世故多少都学会了一些。因此从清代开始，"走江湖"就逐渐演变为老练世故甚至卖杂耍膏药等"下九流"之事，词义也彻底由褒成贬。例如，清代佚名《野叟曝言》载："若是一般走江湖的人，方才这些死话，大家就耐不住了！"许啸天《清宫十三朝演义》载："见园中那些走江湖卖膏药、变把戏、卖草药、卖卦卜字的，也挤在人堆里去看热闹……"

如今，人们心中的"走江湖"就是这个具有贬义的口头语。实在可惜啊！

座右铭

"座右铭"是指人们用以激励自己的格言。此词最早指古人放在座位右边的箴言。其中，"铭"就是刻在器物上用来记述生平、事业或警惕自己的文字。

"座右铭"亦称"箴铭"。明代程敏政的《明文衡》中专门载有"箴铭"内容，同时代的祝允明在其《怀星堂集》中还载有"箴铭"三首，深为人们赞赏。"座右铭"与"箴铭"多为自己置备，也有少数是官府所赐。例如，唐代名相张说的《张燕公集》中就载有官府所赐的"并州敕造座右铭"。

周代以前的箴铭以黄帝的《金人铭》为代表。但从周朝开始，箴铭的形式开始发生变化，如：

孔子观于鲁桓公之庙，有欹器焉。孔子问于守庙者曰："此为何器？"守庙者曰："此盖为宥坐之器。"孔子曰："吾闻宥坐之器者，虚则欹，中则正，满则覆。"孔子顾谓弟子曰："注水焉。"弟子挹水而注之。中而正，满而覆，虚而欹。孔子喟然而叹曰："吁！恶有满而不覆者哉！"子路曰："敢问持满有道乎？"孔子曰："聪明圣知，守之以愚；功被天下，守之以让；勇力抚世，守之以怯；富有四海，守之以谦。此所谓挹而损之之道也。"（《荀子·宥坐》）

这段话的意思是：孔子在鲁桓公的庙里见到一个倾斜的器皿，于是问守庙人："这是什么器皿？"守庙人说："这就是宥坐之器（古代帝王用以自诫之器，相当于箴铭之物）。"孔子点点头，自言自语道："我曾听说，宥坐之器，里面空虚，就会倾斜；容量适当，就能扶正；容量盈满，就易倾覆。"说完，孔子转头对学生说："你们看看给它灌水后会有什么效果。"于是，学生便往里面灌水。果然，水灌得适当，它就端正；水灌得接近盈满时，它就开始倾覆；等灌到一定程度时，它就翻掉了；而水空了之后，它就又开始呈现倾斜状。孔子感叹道："唉！天下哪有盈满而不倾覆的道理呢？"旁边的子路马上上前问道："请问夫子，世上有能保持盈满而不倾覆的方法吗？"孔子答道："聪明圣智，就用愚憨来持守；功盖天下，就用恭让来持守；勇力盖世，就用怯懦来持守；富有四海，就用谦俭来持守。这就是所谓的抒泄自己而减少损害的道理啊！"

孔子在此强调的持满守虚之理，与《尚书·大禹谟》"满招损，谦受益"之旨互为唱和，都是要人明白：这世间，"一阴一阳之谓道"（《易经》），富贵稳中求，过犹不及。

而孔子对子路"持满有道乎"的"四守"之答，与老子《道德经》所言"反者道之动，弱者道之用"的智慧，有异曲同工之妙。

对于老子的这句话，当年宋太祖赵匡胤践行得十分精彩：

北宋初年，江南的南唐向宋称臣。当时的南唐朝廷中，学问渊博、能言善辩者无数，其中尤以徐铉为最。因南唐每年都要派人向宋朝进贡，宋朝对应的制度是每年也要派一个"押伴使"官员携回赠之物随南唐使者返国。有一年，南唐派徐铉来朝贡，北宋满朝文武为选派谁做"押拌使"而难以抉择。当朝宰相也觉得徐铉口才太利，"押伴使"人选难定。为什么会有这样的印象呢？

是因为，南唐后主李煜上一次就是派徐铉来的，而徐铉见赵匡胤时果然有一种不辱使命的气势，刚一踏上宫殿台阶，就高声喊道："李煜无罪，陛下师出无名！"赵匡胤见状，招呼徐铉登上台阶，进入殿中慢慢陈说。徐铉便动之以情，晓之以理，说道："陛下犹如孕育万物的上天，而李煜就像在上天包罗下的大地；陛下犹如一家之主的父亲，李煜就像孝敬父亲的儿子。李煜既然像儿子尊敬父亲那样尊敬陛下，您为什么还要出兵讨伐他呢？"徐铉一口气接连讲了几百句话，句句慷慨激昂。待他说完，赵匡胤慢条斯理地说道："既是父子，如何两处吃饭？"既然情如父子，那么李煜就应该搬到开封来住呀？徐铉万万没有想到赵国胤会这样回应，竟哑口无言，悻悻而归。

这次南唐又派徐铉来，宰相无奈，只得请示宋太祖赵匡胤选谁做"押拌使"。赵匡胤心中很清楚：派谁去都难以胜过徐铉，定会被南唐耻笑，但又不能不派。于是，他吩咐宦官写好 10 个不识字的殿前侍者名字，然后顺手拣了一个，道："就差此人去。"

满朝文武见状，面面相觑，大吃一惊，但也不敢多问，只能遵旨。

待侍者与徐铉一起返回南唐时，徐铉一上来就言辞犀利，侃侃而谈，周围人都为之惊愕不已。可那个没文化的侍者，根本就听不懂徐铉在说什么，无以应对，只是"嗯嗯"地应着，搞得徐铉不明所以。但徐铉又不想丢了南唐的面子，依然喋喋不休。

就这样连过数日，侍者依然我行我素，不管徐铉说什么，他都只是应和几声，搞得徐铉疲惫不堪，最后只好无奈地止语。就这样，一个大字不识的侍者便将一代名士困住了！

赵匡胤这招真是高明，令满朝官员钦佩不已。那么，赵匡胤这招究竟高明在哪儿呢？

高明就高明在：他深知世间规律，物极必反，且无不是以"大阳"来制衡"大阴"的，反之亦然。因而，他践行老子"反者，道之动"的大智慧——你水平再高，我只反其道而行之！其效无敌。

以上孔子故事中的宥座之器，其作用就是起到铭记、提醒、自诫之用。日本长崎市的孔子庙和多久市的多久圣庙，均有宥坐之器的实物展示和文字说明；而京都的龙安寺、大阪的天王殿等地，还有竹制的欹器，其功用，均葆有"座右铭"的调和人心的效用。

及至东汉，名士崔瑗杀了仇人后只身逃亡，朝廷赦免后才回到家乡。他知道自己犯了错，就作"铭"放在座位的右边，以此自诫。到了宋代，北宋五子之一的大儒张载则将提醒自己精进的话写在了东墙，谓为"东铭"，后来，又写在了西墙，谓为"西铭"。无论是东铭还是西铭，都是在提醒自己要精进不懈！

同样在宋代，喜读史书的吴介则将史书中能资借鉴经验教训的故事全部抄写下来放在座位的右边。后来，就连他家中的墙、窗上也都贴满了警句、格言。之后，此事慢慢传开了，他的"座右铭"之举也广为人知。

时下的"座右铭"，其内容、形式与方位都发生了很多变化，但其醒励人心的宗旨却"如如不动"。

破天荒

天荒，本义是混沌未开的原始状态，即年代久远、尚未开化的远古时期。东汉王充《论衡·恢国》载："天荒之地，王功不加兵，今皆内附，贡献牛马。"

"破天荒"一词，比喻前所未有的事情首次发生。该词起源于唐代。

在唐代，每逢大比之年，凡赴京参加进士考试的举人，均由地方解送赴京应试，但被视为蛮荒之地的荆南一带的考生，却每每铩羽而归，以至于四五十年间无人进士及第。久而久之，人们便称荆南一带地域为"天荒"，同时把解送荆南考生称作"天荒解"，荆南考生也成了其他州府嘲笑的对象。后来，奇迹发生在唐宣宗大中四年（850），"为文奇诡岸杰，自成一家"的长沙举子刘蜕（字复愚）终于高中进士（后官至左拾遗）。荆南官员相互庆贺，节度使魏国公崔铉更是下发七十万钱作为奖励（相当于现在350万元人民币）。未承想，刘蜕却拒绝收钱，并说："五十年来，自是人废；一千里外，岂曰天荒？"他这句雄赳赳、气昂昂的驳斥"天荒之说"的话语，于风骨满鉴的同时，激励了无数后世荆楚之人。此事见载于宋代孙光宪《北梦琐言》卷四："唐荆州衣冠薮泽，每岁解送举人，多不成名，号曰'天荒解'。刘蜕舍人以荆解及第，号为'破天荒'。"

在唐代，还有一个毫不逊色于刘蜕的异类"破天荒"者——据《资治通鉴》《旧唐书》等史料记载，唐宣宗年间的一次科举考试出现了一个大新闻，一个外国人竟然通过了进士科考试，成为当年22个中进士者之一。

这个外国人叫李彦升，是大食（古代的阿拉伯帝国）人，出身贵族。因为仰慕唐朝的文明昌盛，李彦升年少时就跟随长辈来到中国经商，并积极学习、钻研儒家经典，深得当时的汴州刺使、宣武军节度使卢钧赏识。唐宣宗大中元年（847），卢钧为了不埋没李彦升的才智，特意上书朝廷荐贤，请求唐宣宗恩准李彦升参加科举考试。看完卢钧的奏折，唐宣宗也对李彦升大感兴趣，遂派人对他进行调查，在确信其身世清白、确有才学后，准许他参加大中二年（848）的科举。没想到李彦升不负众望，一举及第。

唐宣宗在得知李彦升中了进士后，钦点他为翰林学士。于是，李彦升便成为中国历史上唯一一位阿拉伯进士，这也成为唐宣宗一朝超级震撼的"破天荒"事件。

"破天荒"一词，唐代以后开始广为流传，被无数后世文人引用。例如，海南省最大的孔庙在文昌市，庙内载有海南历代科举人物，其中首位中举者是海南琼山人姜唐佐。他与被贬谪到海南的苏东坡有着一段不解之缘。苏辙《补子瞻赠姜唐佐秀才并引》载：苏东坡贬居海南儋州时，姜唐佐于宋哲宗元符二年（1099）9月至次年

3月曾从学于苏东坡,虽时光短暂,仅有区区半载,但苏东坡却"甚重其才",赞扬其文章"文气雄伟磊落,倏忽变化",言行"气和而言道,有中州人士之风"。后来,苏东坡遇赦返回中原之前,赠予姜唐佐两句诗:"沧海何曾断地脉,白袍端合破天荒。"句末即引用了"破天荒"典故。并且,苏东坡还对姜唐佐说:"异日登科,当为子成此篇。"不久,姜唐佐果然中举。后来,他于崇宁二年(1103)在汝阳遇见苏辙,时苏东坡已去世。苏辙为胞兄给姜唐佐补足赠诗曰:"生长茅间有异芳,风流稷下古诸姜。适从琼管鱼龙窟,秀出羊城翰墨场。沧海何曾断地脉,白袍端合破天荒。锦衣今(一作'他')日千人看,始信东坡眼力长。"

除二苏之外,宋代喻良能亦留有"双鹙钟地谶,一相破天荒"(《丞相大资叶公挽词》)的诗句。宋代曹勋在其《松隐集》中亦曰:"何曾见一人,讵知数百年之下,始见此贤破天荒也。"

南宋陆游在其《梅花》诗中引用"破天荒"之词颇妙:"玄冥行令肃冰霜,墙角疏梅特地芳。屑玉定烦修月户,堆金难买破天荒。了知一气环无尽,坐笑千林冻欲僵。力量世间谁得似,挽回岁律放春阳。"有着金代"文学之冠"美誉的元好问在其诗作中亦写道:"渠家两公破天荒,刘辉梦灵果专场。"(《常山妖生四十月能搦管作字喜为赋诗》)

时至如今,"破天荒"已经融入寻常百姓的日常表达之中,成为耳熟能详的口头语。

五魁首

宋代的包拯与苏轼都是广为人知的名人。之所以在此将二人相提并论，是因为古人赋予他们一个相同的称谓——魁星！清代著名小说《三侠五义》中称包公是"魁星"下界，而清代曾曰瑛《汀州府志》中苏轼则直接被尊为"奎星"。

有人会问："魁星"与"奎星"是指什么？二者又有什么关联？

问得好！这是一个非常具有普遍性的问题。

明末清初的大学者顾炎武在《日知录集释》中说："今人所奉魁星，不知始自何年，以奎为文之府，故立庙祀之。乃不能像奎，而改奎为魁。又不能像魁，而取之字形，为鬼举足而起其斗。"又载："魁星楼，为一邑伟观，其上以奉魁星，则是南宋时已有之矣，故立庙祀之。"我们从中可窥见由"奎"至"魁"的过程以及"魁星点斗"之来历。

"奎宿"是中国古代天文学二十八宿中的西方七宿之一，又称"天豕""封豕"，被谓为北斗第一星。宋代赵宧光曰："斗首曰魁。"三国陆绩《浑天图》亦载："魁星，第一星，主徐州。"而东汉高诱《淮南子注》则载："斗第一星至第四为魁，第五星至第七为杓，故言根本者皆云魁。"汉代无名氏《春秋运斗枢》亦载，北斗中的"第一至第四为魁"。这种表述源自中国古代天文学的观念——古人将北斗杓口四星（天枢、天璇、天玑、天权）合称为"魁"，又称斗魁、璇玑，故言"越在斗，斗揭其魁，文明是司。云星七，因斗属，光芒不可一日掩"。（《云和县志》）宋代释正觉《六代祖师画像赞·六祖大监禅师》云:"众星之拱斗之魁,百川之趋海之下。"释正觉《禅人并化主写真求赞》云:"何须魁斗之名高,不在山川之气豪。""斗魁光转夜,河汉气澄秋。""霜洗斗魁,秋生河汉。"元代贾仲明在《凌波仙》中称:"新杂剧,旧传奇,《西厢记》天下夺魁。"足见这部家喻户晓的古典戏剧名著风靡程度之高。

"奎宿文章世所稀,少年笔下有珠玑。"(明代著名进士万民英《星学大成》)关于"奎宿主文章"之说,东汉纬书《孝经援神契》解释得很清楚:"古文者,黄帝史苍颉所造也。颉首四目,通于神明,仰观奎星圆曲之势,俯察龟文鸟迹之象,博采众美,合而为字,是曰古文。"又云:"奎主文章,苍颉仿象是也。"东汉宋均注曰:"奎星屈曲相钩,似文字之画。"(唐代徐坚《初学记》卷二十一《文部》)奎星的造型为"右手握笔,左手捧斗,右脚金鸡独立,脚下踩大鳌头部,意为'魁星点斗,独占鳌头'。"可见,至迟在汉代人们就有了"奎主文章"的信仰,视奎星为主管文章之神。尤其在汉代董仲舒建构的"天人感应论"思想背景下,这种观念迅速深入人心,以至于奎星更是被奉为登科之神!各地开始建造奎星阁及塑神像以供崇祀。而随着汉代道教大兴,魁星也随之成为中国文化中主宰文运之神的"文昌帝君"。清代周梦颜《安士全书》中光绪戊申年印光法师序载:"文昌帝君于宿世中心敦五常,躬奉三教,自行化他,惟欲止于至善,功高德著,遂得职掌文衡。"并且,据说每年的农历二月初三就是专管人间学籍禄位的文昌帝君诞辰之日。古人在此日上奉文昌,下尊孔子,历代文人士子在此日要到当地学人讲学、议事之所的孔庙、文昌宫、文昌阁或文昌塔进行祭祀礼拜。传统中国每年的春秋两祭，春祭就定在二月初三。届时官员朝服冠带，士子学人青衫方巾，献祭后，行三跪九叩大礼，祈求文昌星明、文运昌盛、进学成材、金榜题名。另外，此日对养生也有大用。唐代药王孙思邈专门提及："二月三日，不可昼眠。"什么意思呢？就是在二月初三那一天的白天不可睡觉！否则会抑制阳气升发，轻则犯困，重则阳困体内而生邪气。（注：二月上旬白昼，为阳气上升最旺之时）明代大医学家张介宾更是强调："天之大宝，只此一丸红日；人之大宝，只此一息真阳。"（《类经附翼·求正录》）可见阳气升伏之大用！天地之道，顺时施宜，尤忌昼夜颠倒，颠损真阳之精。

不仅是民俗信仰，即便是在中国本土宗教道教中，魁星也有一席之地。

《道藏·太平部·法海遗珠》亦载："魁星一发，交斗辉光。阴阳通合，霹雳声刚。"唐代李淳风《金锁流珠引》载："二十八宿，后圣授王君也。先从北斗而起，次东斗，次南斗，次西斗，毕登中斗，而不履真人星。夫履北斗，求请法，捻甲子诀，东斗捻甲寅诀，南斗捻甲午诀，西斗捻甲申诀，中斗捻甲戌、甲辰诀，此是随方斗诀也。修行长生，以朱墨涂司命诀目，不者即五色丝缚之，即步纲……第五，三步向魁，蹑纪一过。"（注：三过步，从第七星向魁星是也）说明道家的踏罡步斗与魁星密切相关。即使是远在新疆的福寿山庙（清代新疆最大的道教场所），其内亦有魁星庙一间。

两千多年的"魁星"文化，在全国各地得到多元地演化与发展。

宋代胡太初《临汀志》载，福建省龙岩市武平县有"魁星坊、集贤坊，人和坊，和义坊"等，多为乡贤所立。明代黄仲昭《八闽通志》载："魁星坊宋时为特科第一人陈缜立。"

在自然界的山峰地貌中，与"魁星"相应的还有"魁星岩"，遍布多地。除了南宋祝穆《方舆胜览》中的相关记载外，以明代黄仲昭编纂的《八闽通志》所载福建省永春县西南石鼓镇的"魁星岩"最为详细："城门山山之上有鳌顶峰，峰之东有魁星岩，宋侍郎郑湜尝居其下。峰之中有飞来石，石之西有龙观井。峰之下有宋省元林执善宅。"该魁星岩位于海拔 6 千米的魁星山（旧称奎峰山）麓，为"永春县庠之对山"，乃取"文曲华世""光昌文运"之意而名。南宋乾道年间，乡人颜应时、陈朴尝读书于此，并同登进士，遂易奎峰山为魁星山，改詹岩为魁星岩。明代颜廷榘还专门写有《魁星岩》诗："泉声何处滴泠泠，苦竹丛边空自清。伏地已知随佛幻，出山犹似隔林听。他年卓锡曾留偈，此日摩崖信有灵。惟是真源流不绝，遥分一派到岩扃。"

被誉为群经之首的《易经》，是集中体现天人合一思想的中国哲学代表作。在《易经》的思想体系中，东南属于八卦中的巽卦，代表文昌之势能，因而与"魁星"有关的建筑（楼、阁、塔、坊等），以位居东南者居多。例如，明代江苏高邮的魁星楼，即是建在高邮宋城东南角之上；明代河南民权县的魁星楼，也是建在龙塘寨的东南角；明代安徽阜阳的魁星楼，则建于老城东南城墙交结之处；明代西安的魁星楼，则建在了城墙南门城楼东侧……但也有因实际原因未建在东南方位者，如清代李光庭《乡言解颐》载："大门外南数十步为魁星楼。文昌阁后东北偏百步为关帝庙。"而《山西通志》则载："文昌祠在文庙东北，魁星楼在棂星门外。"如此等等，不一而足。

此外，在我国绝大多数直辖市和省会城市，以及辽宁省海城市、兴城市、辽阳市，河北省承德市，山东省烟台市，湖南省娄底市、沅江市，云南省丽江市、大理市，四川省阆中市，河南省汤阴县，贵州省独山县，福建省金门县等诸多地方，都有与"魁星"相关的"楼、阁、塔、坊、堂"等建筑，存毁不一。《台湾南部碑文集成》就有"重修魁星阁碑记"（嘉庆二十一年）的记载。此外，福建省漳州市三峰山上还有一座建于唐代的聚奎岩古寺，寺中对联曰："野寺钟鸣虎拜猿参瞻色相，山岩日照花香鸟语灿奎云。"对联中的"奎云"，也感召来无数期盼"魁星点斗"的人。

奎星与文昌的相提并论，成为中国文化一道独特的风景线。

元代李冶《敬斋古今黈》载："世以秘监为奎府，御书为奎画，谓奎宿主文章也，故宋有奎文阁、宝奎楼之称。又薛奎字伯艺，吴奎字长文，悉以文艺配奎为言。"古代中国称秘书监为"奎府"，称皇帝题字为"奎书""奎章"。因为"奎章照泮宫"，皇家还设有奎章阁，士人皆以能入奎章阁做博士为荣。这种理念对唐宋时期开始兴起的孔庙文化和书院文化均产生了重要影响。例如，山东曲阜孔庙在宋天禧二年（1018）便建有奎文阁，是孔庙三大主体建筑之一。而从宋初开始，人们对奎文阁的歌咏便屡见不鲜，如"奎文得岁，佳气磅礴斗牛间"（宋代廖行之《水调歌头·寿汪监》），"奎文尊阁处，更合榜重华"（宋代陈傅良《孝宗皇帝挽词五首》）……明代著名诗人李东阳还撰有《奎文阁赋》，清代乾隆皇帝专门为此题写了阁匾。于是，奎文阁便成了孔庙最为常见的建筑之一，各地孔庙亦纷纷依序建制，即使是远在贵州安顺的孔庙，亦不出此藩篱。然而，由于不同地方的孔庙名称不尽相同，"奎文阁"的名称亦略有不同，如上海文庙、南京夫子庙等称之为"魁星阁"，而天津蓟县孔庙则称之为"奎星楼"。但是，名虽有异，内旨却无二无别。此外，在书院文化中，名为文昌书院与聚奎书院者亦很常见。目前，川渝两地保存最完好的书院便是清代同治年间所建的聚奎书院。人们从这些书院的名称当中，便可感受到当时的士人们对学业与才华的追慕之情。

"木到奎星须列爵，文章锦绣佐王侯。"（明代《张果星宗》）这个能"佐王侯"的奎星，伴随着隋唐科举制度的建立，逐渐被唤作"魁星"，并迅速风靡。在科举考试时，考场出售魁星像，考生在座右贴魁星图。（明代陆深《俨山外集》）而在考中状元后，朝廷还会送"镀金魁星杯柈（盘）"一副（宋代周密《癸辛杂识》），对"魁星点斗，金榜题名"表示祝贺！而建于宋咸平初的四川成都温江文庙，就是"宫墙在后，魁星处前"的建制格局。

值得一提的是，"魁星点斗"只是证明已金榜题名，但未必是第一名。第一名是"一举鳌头独占魁"。（明代高明《六十种曲琵琶记》）

什么是"独占鳌头"呢？中华民族自古就与龙有着不解之缘，皇帝认为自己是"真龙天子"，且身穿"龙袍"，而中国百姓则认为自己是"龙的传人"。数千年来，这种理念得到了无限的发展与运用。古语云："龙生九子，鳌占头。"唐宋时期，皇宫殿前陛阶正中的石板上均雕有龙鳌图像，凡翰林学士、状元和承旨官朝见皇帝时，一概立于陛阶正中的鳌头上——"飞上鳌头侍玉皇"（唐代徐夤），

"闻说诏书催入觐，便须飞步上鳌头"（宋代金君卿《和张公达端见寄》），因而便称入翰林院为"上鳌头"，称科举殿试的一甲头名状元及第为"独占鳌头"。随着时间的推移与人们的普遍接受，更是将各种第一均用"独占鳌头"来形容。例如，宋代释文莹《玉壶清话》卷二云："座主登庸归凤阁，门生批诏立鳌头。"元代无名氏《陈州粜米》楔子云："殿前曾献升平策，独占鳌头第一名。"清代诗人张湄有诗《魁斗山》云："近接宫墙数仞高，星光磊落起文豪。问名已列魁三象，分派应知海一鳌。"

将科举中的"魁星"与"鳌头"结合使用，渐渐成为后世"魁星点斗，独占鳌头"的由来。历史上的鳌峰书院，即是取意于此。

其实，"魁星"信仰在汉代已经非常流行，当时已出现"魁首""党魁""夺魁""头魁""文魁""罪魁"等常见名词。

其中，"魁首"是指位居首位者。汉代孔安国《尚书正义》载："罪人逃亡，而纠为魁主。魁，首也，言受用逃亡者，与之为魁首，为主人萃训聚也。""魁首"一词从此便流行开来。再如，汉代荀悦《汉纪·成帝纪三》载："赏（尹赏）所留者，皆其魁首，或故吏善家子失意随轻侠者。"宋代张君房编撰的《云笈七签》载："阳明、阴精二星之间，星斗魂魄魁首也。"宋代周密《癸辛杂志》载："太学先达归斋，各有光斋之礼，状元则送镀金魁星杯柈（盘）一副。"元代陶宗仪《南村辍耕录》载："遂为贼所执，其魁首王兼善者。"元代王实甫《西厢记》载："秀才是文章魁首，姐姐是仕女班头。"明代《张果星宗》载："盖世文章冠魁首。"明末凌濛初《二刻拍案惊奇》卷三十九载："苏州府太仓夷亭有个张小舍，是个有名极会识贼的魁首。"明代佚名《月谈赋》载："五经魁首文章。"明代王阳明《传习录》中"谦者众善之基，傲者众恶之魁"中的"魁"字，也是魁首之意。明代陆深《俨山外集》载："天顺癸未会试，京邸戏为魁星图，贴于座右。"清代华琴珊《续镜花缘》载："一个是文章魁首，一个是仕女班头，真是天作之合。"有关魁首的记载，屡见不鲜。

宋元之际的阴幼遇（字时夫）著有我国现存最早的一部音韵类书——《韵府群玉》传世。书中卷二载有"斗魁""帝魁""杰魁""渠魁""党魁""花魁""草魁""芋魁""里魁""怪魁""酒魁""河魁""蟹魁""八八魁"（八阵图六十四魁）"行倚魁"等称谓，并作有解释。其中的"党魁"，是指古代党人中的首领（古代党人指乡人，后来才衍生为党派）。范晔《后汉书·蔡邕列传》载："太山党魁羊陟与邕季父卫尉质对门九族。"又《党锢传·夏馥》载："馥虽不交时宦，然以声名为中官所惮，遂与范滂、张俭等俱被诬陷，诏下州郡，捕为党魁。"后来，"党魁"便成了乡党与同僚中的常用词语，如《旧唐书·杨虞卿传》载："而李宗闵待之如骨肉，以能朋比唱和，故时号党魁。"宋代徐自明《宋宰辅编年录》载："先生号为党魁。"明代陆世仪《复社纪略》载："时浙人党魁张捷用事，护持其党甚力。"清代何是非《风倒梧桐记》载："钱谦益，本东林党魁，文章气节名天下。"清代彭定求《五人墓》诗云："重看俎豆登乡社，尚想干撴捍党魁。"时至近代，有了各种政治党派之后，"党魁"自然而然地成了政党首领的代名词，如梁启超《莅民主党欢迎会演说辞》中称："党员之与职员，职员之与党魁，犹若兵士之于将校。"

而《韵府群玉》中的"花魁"，指的是百花的魁首，其注释直接标注为梅花。元代陈梦根《徐仙翰藻》中便写有"龙虎榜中新姓字，梅花先占百花魁"之句。后来，由于妓女有烟花女子之谓，青楼中的头牌妓女便逐渐有了"花魁"之称。明代无心子《六十种曲金雀记》中载有"天街游乐处，看尽百花魁"之句，明代冯梦龙《醒世恒言》卷三亦载有"卖油郎独占花魁"的故事。承袭中国文化一千多年的日本，在江户时代将艺妓或游女歌舞伎的头牌称为"花魁"，并延续至今。2007 年，日本导演蜷川实花还拍摄了影片《恶女花魁》。

由此，我们可领略"魁星"文化的深远影响。

"魁星"文化的鼎盛时期是在宋代，相关文学作品对此的展现可谓丰富多彩，例如：

北宋张继先《全宋词》载有"祥云拥，流霞映，飞仙拱，魁星炯"（《瑶台月·天开景运》），以及"瑞腾嵩岳，喜气交洋溢。魁星头上，光芒仍露消息"（《百字谣》）之句。

南宋华岳《送周魁》："人间元日是春日，天上魁星为使星。"

南宋曾丰《少卿寿》："客星又转作魁星，蚤应文科策汉庭。"

南宋王迈《水调歌头》："天上一灯满，引起万灯明……一点魁星现，长侍老人星。"

南宋魏了翁《菩萨蛮》："寿宿对魁星，颊红衫鬓青。"

南宋柴元彪《贺新郎》："道紫微、魁星聚会，参差联照。"

南宋张元干《感皇恩·寿》："绿发照魁星，平康争看，锦绣肝肠五千卷。"

……

宋代以后，"魁星"文化发展得越来越多元，据元代刘壎《隐居通议·造化》载："淳熙中，殿试进士有邓太史者，告周益公，魁星临蜀。"由此可见，魁星还有对应的分野。而清代蒲松龄《聊斋志异》卷七《魁星》亦载："忽见光明满室，惊视之，一鬼执笔立，若魁星状。"这是借"魁星"来描述鬼的形象。最令人眼界大开的是，清代李汝珍《镜花缘》第一回载有"女魁星"："一位星君，跳舞而出，装束打扮虽似魁星，而花容月貌却是一位美女……这位星君如此模样，想来必是魁星夫人。原来魁星竟有浑家，却也罕见！"

可见，魁星的文化维度是随着时代的发展而越来越丰富的。

古往今来，世人普遍接受的内容，定有值得敬重之处。

明代高濂《遵生八笺》"人事诸忌"中明确记载："不可向北唾，犯魁星。"朝北方吐唾液会触犯魁星，影响文昌运。道家则习惯在魁星诞日画符——"取魁星之炁，灌笔而成"。(《灵宝无量度人上经大法》)但最具敬畏感的仪式却是古代书院中的魁星祭祀。

宋代姚勉《雪坡集》载有"乙卯秋祭魁星，某等谨以连荐早登高甲之仪，致祭于北斗第一魁星之神"。我们从中可见祭拜北斗第一魁星之神的习俗，以及祭祀的时间是在秋季——"士子以七月七日为魁星诞日。"(清代《福建通志·台湾府》)

清代黄叔璥《台海使槎录》之《赤嵌笔谈》亦载："士子以七月七日为魁星诞日，多于是夜为魁星会，备酒肴欢饮，村塾尤盛。"对士子而言，"魁星会"时还要奉行祭拜仪式——"士子则虔祭魁星，彻夜会饮"。(清代郑鹏云《新竹县志初稿》)

这个"士子则虔祭魁星"的传统，可通过宋代姚勉《雪坡集》中的两篇古代书院祭拜魁星的祝文来管窥一斑。

1. 西涧书院祭魁星

"维斗有星，第一曰魁。上拱紫微，旁列三台。司文之权，光芒昭回。鬼斗入梦，先兆有开。伟兹涧堂，凤山崔嵬。江湖川闽，云蒸英才。有诏兴贤，士争踏槐。邀灵于星，文刃恢恢。秋风联鞯，铃声喧阗。春榜蜚英，禹门之雷。昨庭唱胪，百花之梅。万里荣途，瑞庆大来。微福投诚，尚相之哉！"

2. 正谊书院祭魁星

"魁，第一也！北斗七元在天，为众星首，而魁者乃斗之第一星也。魁之枕参，则曰参首杓之，携龙则曰龙角，东苍龙角亦二十八宿之第一星也。杓之所携，犹第一宿，而况魁乎？魁杰立名取象，在此前辈有言曰：科第当作状元，仕宦当作宰相，学术当至圣人，言皆当为第一也！士之远大自期，立志要当若是此，吾正谊师友平日之所讲明也。岁壬子诏寘兴壬为天一子首，十干明年癸丑，丑为斗牛分魁兆开矣。维七月朔乃三秋之第一，日用率众，俊虆礼大魁神之相之贡于乡，若漕第于太常防于大廷，使臣正谊之人皆第一，自此卓然为第一流人物，于斯世维魁星实照临之。"

从以上魁星祭仪的祝文中，可以看到古代书院文化的丰富，以及士人对天人合一思想的践行和对"大魁天下"理想的绵绵憧憬！

除了祝文之外，人们对魁星敬仰之表达，还有赞词，例如：

明代邵宝《容春堂集》载有"魁星赞"二首：

其一

维北有斗，纪纲三辰，孰主张是，惟尔有神。
神兮无方，匡域有象，昭我文昌，虞周之上。

其二

帝车中运，四国攸系，人亦有言，斟酌元气。
旦建东北，惟尔有神，开阳发祥，回天下春。

明代鹿善继《鹿忠节公集》亦载有"魁星赞"：

"有鬼踢斗，以字赋形，附会其形，未得其情。此星一现，天下文明，斯文未坠，有创有承。反而求之，炯炯莹莹，符分赤帝，牙建孔庭。回乐不改，开信未能，从何着手，淇澳可风？而世乃寻之于帖括，当之以恩荣，本专富贵，谬谓功名，况于道德久矣沉冥，请翻成案，告我友朋，欲使天下耀采，先为此物发蒙。"

清代汪由敦《松泉集》亦载有"奎星赞"：

"有倬列宿，东璧斗魁，图书之府，其光昭回。泰阶六符，帝座三台，降神维哲，毓秀惟才。黼黻皇猷，经天纬地，敷陈典谟，牖民觉世。若或相之，聪明智慧，若或司之，科名甲第。以酬苦志，以励纯修，根□实茂，力穑有秋，学古乃获，作德日休，文哉郁郁，百禄是遒！"

迄今为止，内蒙古敖汉旗青城寺每年仍举行蒙古族传统的"祭星"仪式，包括殿前唱诵祭文、诵读魁星赋、僧人撞吉祥钟等活动，依然为百姓所喜闻乐见。

从古代对魁星不计其数的祝文、赞词、诗赋等内容中，我们能感受到古代士人们对魁星的崇敬程度，甚至堪比孔子！可见，在人们心中，魁星护佑，文昌争流，永远是一个绵绵不绝的美好期许。

在祭拜魁星之后，一般还有"魁星会"，其仪式也是非常多元的。以福建闽东地区为例，每逢"七夕"之夜，进入一更天（戌时）后，人们便陆续开始"拜魁星"。祭拜完后，还要玩一种仿照先秦时期酒筹令与茶筹令而创的"取功名"的游戏来助兴。具体做法是以桂圆、榛子、花生三种干果分别代表三鼎甲中的状元、榜眼与探花，参与者手握上述三种干果各一颗，分别投往围坐的桌子上。若某种干果滚至某人前停止，则该人即为对应的三鼎甲之一；如若所投干果无与人应，则玩家均无"功名"，需重新投掷，此称为"复考"；若某人三者均中，则称为"三及第"。每投一次，饮酒一巡，称为"一科"；若"这科出探花"，则众人要向"探花"敬酒一杯。攫取到"功名"者，不再继续参与游戏；而那些敬酒的"落第考生"，则需要在"下一科"中继续"求取功名"。就这样，参与者在觥筹交错之中，一直玩到人人都讨到了"彩头"——都获取"功名"为止。及至散场时，鸣炮仗、烧纸镪，若魁星像是纸制的，也一起焚烧。（笔者于2020年在福建泉州博物馆中见到一个栩栩如生的木雕"文魁"，姿态跃然，气韵生动，至今仍历历在目，十分难忘）

"七夕"之夜，除了上述男性们"拜魁星"的活动之外，女性还有"拜织女"的习俗——男女分聚于不同的香案前，各欢其情。对于这一其乐融融的情景，清代诗人张湄是这样描述的："露重风轻七夕凉，魁星高燕共称觞。幽窗还听喁喁语，花果香灯祝七娘。"（《七夕·露重风轻七夕凉》）

是不是感受到了一种久违的天人酬唱的和谐？

及至明清时期，科举以五经（《诗》《书》《礼》《易》《春秋》）取士，乡试中每经的第一名被称为"经魁"，亦称"魁首"。明代《张果星宗》便有"土躔角宿名天寿，盖世文章冠魁首"之句。而对于五经均考取第一名者，便被尊称为"五经魁"或"五经魁首"，简称"五魁"或"五魁首"。随着"唐人饮酒必为令为佐欢"的酒令习俗的流传，人们在酒酣之际的划拳行为中衍生出了"一条龙、哥俩好、三星照、四季财、五魁首、六六顺、七个巧、八匹马、九常有、十全到"的酒令，这些都是祝福之语——祝福对方：你是一条龙，咱们交心交意，福禄寿三星都高照于你，护佑你四季发财、五经夺魁。而"六六顺"，是指《左传》所载的"君义、臣行、父慈、子孝、兄爱、弟敬，此数者累谓六顺也"，寓意事事顺利。"七个巧"是指每年的七夕节，亦称"七夕乞巧（七巧）"节。此句谐音同"乞个巧"，寓意姻缘美满。"八匹马"是指周穆王时期的八匹骏马，后人绘画常见的"八骏图"即出自此典，寓意对方是个人才。"九常有"是取谐音"酒常有"，寓意经常有酒喝，不像北宋五子之一邵雍那样写出《无酒吟》——反映了王安石变法后的生活变化——天下日乱，人民变穷，导致他都没钱喝酒了，没办法，只能去讨酒喝。"十全到"，寓意诸务迎祥，十全十美。乾隆皇帝便有《御制十全碑》，留下"十全老人"之誉。

你看，如此美意洋洋的助兴，让人们在划拳之际，仿佛已经腾达在酒令所寓意的功名与富贵之中了……中国酒文化的独特魅力真是令人流连不已！

古语云："魁星一发，交斗辉光。"（《法海遗珠》）

我们通过上述内容可管窥魁星在读书人心中的地位与分量——天上二十八星宿中，一颗人们几乎一生都视而不见的奎星，在先贤们的生命中却衍生出了数千年的灿烂文化，从而让我们这片有古有今的中华大地，成为一个魁星高照的中国！

弼马温

天下没有一物是废物，万物皆有势能，即使人尿也可以治病。明代李时珍在《本草纲目》中盛赞人尿的药用价值，并列举了人尿能治的 40 多种病症。而人的粪便也可以治病（见前文"荒唐"一词），月经流出的血也可作为药。

战国以降，中国历朝历代莫不以马政为重，秦始皇时期就流传过一种思想："马者，甲兵之本，国之大用。"汉代设置专门的养马官员，名为"太仆"，位列九卿，后代养马官员一直沿用这个称呼。在冷兵器时代，任何当权者都决不会轻视管理马匹的官员，因为马匹上背负的不仅是某个士兵的生死，更是整个国家的存亡。

在《晋书·郭璞传》《马经》《搜神记》《齐民要术》《本草纲目》等诸多古籍中，都讲了这么一件事：猴子可令马辟瘟疫。《齐民要术》载："常系猕猴于马坊，令马不畏，避恶，息百病也。"就是说，马厩里养猴能消百病。李时珍在《本草纲目》中也载："马厩畜母猴，辟马瘟疫。"《马经》言："马厩畜母猴辟马瘟疫，逐月有天癸流草上，马食之永无疾病矣。"原来母猴每月来的经血流到马的草料上，马吃了，就可以不得瘟疫疾病。明代吴承恩在《西游记》中为孙悟空所取的"弼马温"之名，就是从此而来，只不过是使用了"辟马瘟"的谐音而已。

母猴月经之血可以辟马瘟疫，就是大阴配大阳的规律。

除此之外，南宋洪迈的《夷坚志》也提到"猴马两性相宜"。拴马桩的桩头，往往塑一个猴像，即取此意。

由于猴子天性好动，每当马倦怠时，猴子也会时不时地去撩拨它们，这样就使马时刻保持警惕，并能得到一定的训练，从而提高马对血虫病的抵抗能力。广东话称猴子为马骝，代表机灵，颇有古汉语之风！

干支中，寅午戌马在申。马和猴一起养，有无名之玄机。所以，"马上封侯"是有吉祥寓意的，猴子可保马平安。属马者得疫病、呼吸疾患，养猴子，或找属猴者，或佩戴猴子饰物，有益于病，或能防之！无形之物，护佑有形之生命。

两晋时有个叫赵固的将军，非常喜欢一匹红色战马。有一天，这匹马忽然肚腹发胀，不一会儿就死去了。河东闻喜县人郭璞自北方路过这里，顺便前往赵固家去，听说此事，便说他能够救活这匹马。赵固问他需要采用什么方术来救马，郭璞说："需要用二三十个齐心协力的健壮男儿，命他们手持竹竿，从这里向东行走三十里，当会看到一座山丘和一片树林，其形状像一座土地庙。找到山丘和树林之后就用竹竿在那里进行搅扰和拍打，这样会得到一样东西，再拿着这样东西赶快回来。只要得到这样东西，马就得救了。"

于是，赵固将军就派了五十个骁勇士兵前去，果真如郭璞所说的那样，见到一大片树林，有一只像猴子又不是猴子的动物蹦了出来。这些人齐心协力把它捉住抱了回去。这个动物远远看见了死马，就想蹦跳过去，郭璞忙叫他们把它放开。这个动物就自行奔到马的头部处，对着马的鼻子用大气又吹又吸。过了很久，马就站立起来，真的活了。

救活马的像猴子又不是猴子的动物是什么呢？有人说，这就是孙悟空"弼马温"的原型。当然，郭璞之法，深合易理：健夫二三十人，东行三十里，入神庙，取艮卦之象。其物似猴，即丑中金。马合乾象，猴即马之生气，已被收藏，驱之出，故马活。

错综复杂

"错综复杂"一词源自《易经》的应用方法。《易经·系辞上》云："参伍以变，错综其数。"

"错、综、互、杂"四卦用来比喻做多方面的思考。

错卦，是将本卦的每一爻阴阳对调再得一新卦，如"风泽中孚"和"雷山小过"互错，表示逆向思考。

综卦，是将本卦上下卦颠倒，例如"水雷屯"和"山水蒙"互为综卦，"水天需"和"天水讼"互为综卦，表示分散思考、多方位思考，用删除法去芜存菁，找到两害相较取其轻的出路。

互卦或称交互卦，来自于将本卦的二、三、四爻组成之卦作为下卦，同时将主卦的三、四、五爻组成之卦作为上卦，新组合而成的卦，称为主卦的交互卦，例如"水雷屯"的交互卦就是"山地剥"卦。交互卦用来表示人与人之间相对待的关系，或者自己与对方在个性、思想、观念、行为等方面彼此之间的互动揣摩。

杂卦即是上下两卦对调后所成之卦，如"天地否"变成的"地天泰"，表示换位思考。

什么是复卦呢？复卦是针对经卦而言的。经卦又叫三画卦，共有 8 个：乾、坎、艮、震、巽、离、坤、兑。复卦又叫六画卦、成卦，共 64 个，也就是我们所说的六十四卦。每个复卦是由两个经卦重叠而成的。复卦之用，体现的是反观事物的方式，是为了能够综合统揽、看清问题而采用的一种思维方法。

杂卦的"杂"，即杂错而述之。这就是"错综复杂"的来历。

您看懂了吗？

其实，"错综复杂"就是从不同的角度看问题的一系列方法。

目不识丁

"谈笑有鸿儒，往来无白丁"是唐代著名诗人刘禹锡《陋室铭》中的名句，可谓家喻户晓。

什么是"白丁"呢？这要从周朝的教育制度讲起。

周朝规定的教育次序为：字学、小学、大学。那么什么是字学呢？"六甲六书"是也！"六书"我们很熟悉，就是汉字的六种来源形式（象形、指事、形声、会意、转注、假借）。那么"六甲"呢？就是六十甲子。关于小孩子学习"六甲"的情况，史料多有记载，如《汉书·食货志上》载："八岁入小学，学六甲五方书计之事，始知室家长幼之节。"《南史·隐逸传上·顾欢》载："年六七岁，知推六甲。"可见，古代孩子在八岁之前就基本学会了"六甲"相关的内容。古代是将"六甲""六丁"一并书写的，但因为"丁"字笔画简单，小孩子容易入手，故往往先从"丁"字写起，久而久之，就将它们称为"六丁六甲"了。由于"丁"字连六七岁的小孩子都会写，所以"白丁"就是连"丁"字都不认识的意思，形容一个人文化水平极低，故称"目不识丁"。

"目不识丁"最早见于《晋书·苻坚载纪》：太元七年（382），苻坚宴请群臣于前殿，殿前乐声飞扬，群臣争相赋诗。秦州别驾姜平子所献诗中有"顶"字。"顶"中"丁"字竖钩写成了竖，"丁"字成了"丅"字。苻坚不识，问是何字？

姜平子答："臣丁至刚，不可以屈，且曲下者不正之物，未足献也。"是说，我写的"丁"字就像我的性格一样，不会弯曲；弯曲的是不正之物，怎能献给您呢？言外之意就是，我不会像其他人那样对您曲意逢迎、以售其奸。苻坚一听，非常高兴，笑曰："名不虚行。"遂给姜平子加官晋爵。

其实，姜平子所写的"丅"字（音 xià，《说文·丄部》："丅，底也。"），乃是古"下"字。但苻坚本为一粗人，不知其为古字，听姜平子这么一解释，反倒褒奖了姜平子一番，还擢为上第，贻笑大方。"目不识丁"一词也因此得来。

此后，该词就逐渐见诸历代文章著作之中了，且于明代开始迅速普及。如：

明代谢肇淛《五杂俎》曰："目不识丁，水火盗贼，恬然不问，六厄也。"

明代憨山德清《憨山老人梦游集》载："将谓老卢本卖柴汉，目不识丁，怪其所说无文彩，故妄易之耳。"

明代朱国祯《涌幢小品》载："瑄贵显，事洪终身。瑄目不识丁，书押文卷，但攒三指，染墨印纸上……"

清代郑燮《郑板桥集》云："或仅守厥家，不失温饱，而目不识丁。"

清代曾曰瑛《汀州府志》载："为民者，习见屠酤、仆隶、讼师、优卒、游手失业之徒，手不挽强，股不跨鞍，目不识丁，一旦被服金紫，头角顿异，以为锦绣犹敛毵也。"

清代欧阳昱《见闻琐录》载："自开捐以来，凡贩夫贱子与目不识丁者，皆可佩印绶，居民上，士人无不丧气。"

清代徐珂《清稗类钞》云："以为天下大乱，自拟于韩信、樊哙，虽目不识丁，不害也。"

清代袁枚《随园诗话》载："春自云：'年三十时，目不识丁，从一禅师静坐三月，颇以为苦。'"

民国时期的许指严《十叶野闻》载："其书报，则钤以'目不识丁'四字小印，亦谑矣。"

现代著名作家钱钟书的《围城》中说："换句话说，像方先生这样聪明，是喜欢目不识丁的笨女人。"

…………

时下由于九年义务教育的普及，"目不识丁"者已经寥寥无几。而这个词，则多用来形容对某一普及事物的不了解。

脱胎换骨

"脱胎换骨"一词本义是指一个事物在原有基础上经过彻底改变，孕育出另一事物，包含重获新生之意。该词亦作"换骨脱胎""换骨抽胎""抽胎换骨"。例如，"炼就金丹，价值千千兆。服一粒，馨香妙，换骨抽胎，万病消除了。"（金元道士马钰《苏幕遮·鸣鹤余音》）

"脱胎"一词，早在唐代就被吕岩（吕洞宾）用于其诗作《满庭芳》中："运周天水火，燮理寒温。十月脱胎丹就，除此外，皆是傍门。"清代曹雪芹《红楼梦》第一〇四回亦说："大凡成仙的人，或是肉身去的，或是脱胎去的。"这些都是道家关于修行方法的指引。

文学作品中的脱胎现象是极为普遍的。如，宋代李清照的"此情无计可消除，才下眉头，却上心头"（《一剪梅》）就是脱胎于范仲淹"都来此事，眉间心上，无计相回避"（《御街行》）之句。这种诗文上的模仿，就是脱胎现象。而明代唐元竑《杜诗攟》亦载：

"用意从汉武秋风歌来，只欢乐极兮哀情多，一语演出如许奇思变态袅宛苍茫，真有鬼神在其腕下，所谓脱胎也。"

后来，文学形式中的元曲，即脱胎于宋词。

此外，值得一提的是，"脱胎"还是一种漆器制作方法，亦称"干漆夹苎"。清代蓝浦《景德镇陶录》载："所谓脱胎，脱去胎质，纯以泐成也。"具体是指，在泥或木质模型上糊上薄绸或夏布，经涂漆、磨光等工序，最后将胎脱去，涂上颜料。

至于"换骨"一词，也常见于宋代以降的文学作品中。例如，陆游诗句中"换骨"一词所见较多，如《虾蟆碚》有"啮雪饮冰疑换骨，掬珠弄玉可忘年"之句；《和张功父见寄》有"超腾已得丹换骨，恋著肯求香返魂"之句；《寄成汉卿将军》有"君已飞腾丹换骨，我方衰病雪蒙头"之句；《示儿》有"文能换骨余无法，学但穷源自不疑"之句，等等。宋代洪迈《夷坚志》（夷坚丙志卷十五）载有"岳侍郎换骨"篇；明代朱星祚《二十四尊得道罗汉传》中载有"换骨罗汉"。

"脱胎"与"换骨"二词的组合并用，最早出于何时何处我们不得而知，但可以肯定的是，至晚在宋代已经广泛流行。例如，宋代曾慥编撰的宋代笔记总集《类说》中提及"夺胎换骨法"。对此，宋代释惠洪《冷斋夜话·卷一》还有更详细的阐释："山谷言：'诗意无穷而人之才有限，以有限之才追无穷之意，虽渊明、少陵不得工也。然不易其意而造其语，谓之换骨法；窥入其意而形容之，谓之夺胎法。'"这里一并提及了文学创作中的两个手法——"换骨法"和"夺胎法"。黄庭坚提及的这两种写作方法，在文学创作中是非常常见的，两者也经常并用，因而使得"脱胎换骨"逐渐成了流行词。

该词在文学、医学、修行等领域的应用最为突出，史料文献中也记载颇多，如：

宋代庞元英《谈薮》曰："《六丑·咏落花》云：'漂流处，莫趁潮汐，恐断红，尚有相思字，何由见得？'脱胎换骨之妙极矣。"

宋代葛长庚《沁园春·赠胡葆元》曰："常温养，使脱胎换骨，身在云端。"

宋代杨公远《孙芝田见示吟编一诗卷锦》曰："点石化金非是幻，脱胎换骨欲成仙。"

宋代曾三聘《玉梁观》云："夜来梦揖梅子真，脱胎换骨隔一尘。"

宋代白玉蟾《赠诗仙》云："换骨脱胎君有诀，炷香特特扣诗坛。"

宋代释子益《偈颂七十六首》云："名不得，状不得，脱胎换骨方，起死回生诀。"

宋代释梵琮《偈颂九十三首·其八》云："不用换骨脱胎，不须起模打样。一段真实身心，脑后圆光万丈。"

元代侯善渊《杨柳枝·卯岁飘蓬住远山》云："卯岁飘蓬住远山，水云闲，须知千载厌人间。欲回还，换骨脱胎归旧路，返童颜。步虚升入古仙坛，泛云鸾。"

元代胡存善《类聚名贤乐府群玉》云："返老还童，脱胎换骨，饱养烟霞。"

明代李时珍《本草纲目》载："不冷不热，不缓不急，有延年却老之功、脱胎换骨之妙。"

明代邓豁渠《南询录》载："忘得神机，即透此窍，脱胎换骨，实在于此。"又"凡情将尽，圣化将成，脱胎换骨，实在于此。"

明代凌蒙初《初刻拍案惊奇》卷二十一云："只因一点善念，脱胎换骨，享此爵禄。"

明代陈阶《日涉编》载："包廷藻卒卒时，危坐赋诗，有脱胎换骨之句，俄顷而逝。"

明代吴承恩《西游记》第九十八回云："佛祖处正寿长生，脱胎换骨之馔，尽着他受用。"

明代吴元泰《四游记》云："彼时弟子尚且脱胎换骨，其如花似朵，绝世无双。"

明代钱希言《戏瑕》曰："恩劳未尽情先尽，暗泣嘶风两意同。可谓脱胎换骨。"

明代俞弁《逸老堂诗话》云："性甫句，得非此词脱胎换骨否？"

明代高濂《遵生八笺》载："紫霞杯方，此至妙秘方。此杯之药配合造化，调理阴阳，夺天地冲和之气，得水火既济之方，不冷不热，不缓不急，有延年却老之功，脱胎换骨之妙。"

明代觉浪道盛禅师《天界觉浪盛禅师语录》曰："历代祖师于此返魂夺魄，一切魔外于此换骨脱胎，六道有情于此出生入死。"

明代张三丰曰："周天火足，脱胎换骨，只是要持空养虚，余皆自然。"

明代吴正伦《养生类要》"白玉蟾真人秋石歌"云："耿耿紫金色，脱胎换骨象盈亏。"

明代邓志谟《铁树记》曰："后过了一月有余，脱胎换骨，遍身尽生鳞甲，止有一个头还是人头。"

明代罗懋登《三宝太监西洋记》载："天师只指望斩妖缚邪，哪晓得是个脱胎换骨！怎叫做脱胎换骨？那条缆早已断做了三截。"

清代傅金铨《证道一贯真机易简录》曰："所谓阴消阳长，矿尽金纯，遍体纯阳，脱胎换骨，更生五脏，再立百骸。"

清代《雪关禅师语录》曰："山僧道：你须脱胎换骨来，始得诸兄弟这，便是山僧驯龙手段。"

清代刘一明《会心集》曰："修路不是凡间路，此路一直达仙乡。若能悟得修路诀，脱胎换骨寿命长。"

清代黄元吉《乐育堂语录》云："吾愿生们将心中虚灵之神一时晃发，勿令外注，速行收拾入内，久久薰蒸烹炼，自然脱胎换骨。"

清代钱德苍《解人颐》中的《寄怀集》云："且求你脱胎换骨，非是我弃旧怜新。"

近代释印光《印光法师文钞》载："作为脱胎换骨，转凡成圣之种子。"

…………

当年，晚清重臣曾国藩遇江西困境后，在家蛰伏两年，经过不断反思，最终"脱胎换骨"。

时至如今，该词已经成为人们口中的高频词。即使是在形容车辆的更新换代时，人们都会说：现在的汽车与九十年代的汽车相比，简直就是脱胎换骨啊。

越策越开心

前些年，湖南广播电视台经济频道推出了一档名为"越策越开心"的娱乐脱口秀节目，很快火遍大江南北，甚至在某些地区的街头巷尾成为人们津津乐道的话题。

这句话究竟是怎么来的呢？

可能大家未必能想到，"越策越开心"竟然与天文有关系。

"越策越开心"这句话的核心是"策"字，在天文学中对应着天上的"策"星。据《史记·天官书》载，危宿以东有六颗星，每两颗相邻成对，名为司空。营室宿是天上的清庙，附近有离宫、阁道。营室以北的天汉之中有四颗星，名为天驷。天驷旁一星，名为王良。王良旁一星为策，策星动摇，天下兵起。《晋书·天文志》所载"策星"中有"王良之御策"之句。唐代《开元占经》载："郗萌曰：'策星，主天子之仆御。'"又"《赫连图》曰：'王良策马，北夷制号。'"（宋均曰：策星在王良傍；若移在王良前，居马后，是谓策马。）"又"陈卓曰：'客星近策星，王者不出宫，下有谋乱。'"总之，策星是陪王伴驾之星，比喻帮助君王出谋划策、贡献谋略之士，因而古代有"策士"之谓。对此，文献记载较多，例如：

《史记·樗里子甘茂列传》："虽非笃行之君子，然亦战国之策士也。"由此可见，在战国时期，"策士"就已经是一个常见的称谓了。

唐代柳宗元《沛国汉原庙铭序》："曲逆起为策士，辅成帝图。"（注：曲逆，即汉高祖重要谋臣曲逆侯陈平）

宋代邵伯温《闻见前录》卷四载："虽闻北虏孱而妄弱，岂无强梁宗属与夫谋臣策士引先发制人之说，造此衅端？"

宋代曾慥《高斋漫录》载："崇观以后，以言为讳，宣和辛丑策士，偶询时务。"这里的"策士"指的是策试士人。

元代黄溍《日损斋笔记·辩史之十五》云："殊不思两年皆非策士之岁。"是指朝廷已经有两年没有临轩策士了。

明代陈汝元《金莲记·射策》云："今日圣上临轩策士，只得在此祗候。"

明代冯梦龙《智囊补·术智·徐道覆》云："呜呼，奇才策士，郁郁不得志，而狼藉以死者比比矣。"

《清史稿·礼志八》载："顺治初，会试中式举人集天安门考试。十五年，改试太和殿丹墀，定临轩策士制。"

清代王符曾《古文小品咀华》云："彼说客策士，借人之国，以自快于一时。"

鲁迅《汉文学史纲要》第八篇云："盖吴蓄深谋，偏好策士，故文辩之士亦常有纵横家遗风，词令文章并长辟闿，犹战国游士之说也。"

…………

以上是关于古代"策士"内容的部分记载，可管窥其在历代的情形。那么，这些献计献策的策士具体献的是什么"策"呢？

古代的"策"，就是古人写字用的竹片或木片，又称木简、竹简或简牍。

在竹简上记事前，先以火烤青竹，使水分如汗渗出（谓为"汗青"），从而易于改抹，便于书写，并免虫蛀。之后，古人就将自己的谋略和建议写在上面，称为"献策"。

后来，与"策"有关的词语便层出不穷，如：策略、筹策、政策、决策、良策、失策、投章献策、筹划计策、束手无策……

与"策"同期出现的还有"筹"，且二字常常并用，称为"筹策"，亦作"筹筴"，就是古代计算用具中的竹码子。《道德经》云："善数不用筹策。"高亨释曰："筹策，古时计数之竹筵也。"

在这个基础上，从春秋战国时期开始，"筹""策"的应用渐渐普及到酒文化当中。人们在喝酒时会先摆上"筹""策"，用"筹"来计数，用"策"来考试和学习。欧阳修《醉翁亭记》中的"觥筹交错，起坐而喧哗者，众宾欢也"就是对此的鲜明写照。

其应用的核心在于：喝酒前，先摆上酒筹和酒策，参与喝酒的宾客们以抽签（故名"签筹"）的方式抓取签筹，开始依序进入游戏。

"酒筹"一词大家比较熟悉，"酒策"一词今天比较鲜见，但见诸古文记载者颇多，如宋代戴复古《冬日移舟入峡避风》云："市远炭增价，天寒酒策勋。"南宋陆游《村野》云："病厌诗为祟，闲凭酒策勋。"又《晓寒》云："起晚书亏课，愁多酒策功。"

酒策的具体形式，就是在每一策（类似抽签的竹签）的正反面标注游戏规则和经典内容。比如，酒策的一侧写有经典中（最初以四书五经等经典为主）的句子，持策者要当众给大家诵读和讲解，并且要阐释得让人满意——见荣见赧，就地亮相——非常考验当事人的文化功底。阐释完之后，还要将酒策翻转过来，诵读另一侧上所写的喝酒方法（诸如：自饮三杯、对面者代饮、西南侧共饮、作诗一首可饮）。总之，每次游戏的玩法内容都不同，也许某次酒会时某人运气差，根本就喝不到酒。

这种乐趣十足的玩法，不仅让人充满期待，也大大促进了私底下进学的努力与学问的提升，再加上每次酒兴的助推，令人才情大发，人际关系也更为亲切融洽——于是就出现了"越策越开心"的美效！

久而久之，这句话就流传开来，至今仍在荆楚等地为人津津乐道。

而这，才是中国古代真正的酒文化！

后来，茶文化的发展也借鉴了酒文化中"酒筹""酒策"的形式，出现了"茶筹""茶策"，并迅速风靡开来。唐代陆羽《茶经》的问世，更是推动茶文化盛行于天下。

遗憾的是，无论是"酒筹""酒策"还是"茶筹""茶策"，其中的文化内涵都已今非昔比，甚至消失殆尽。时人只是在不断地消耗先人的文化遗产和概念，即便在技术、形式、包装上有所改变，其中的文化真韵却未得到如实地继承和弘扬。

因此，复兴古代真正的酒文化和茶文化，是今天的中国人实现文化自信的众多路径之一——如此才能"越策越开心"，而不是烂醉如泥和品茶鬻财，狼藉时光。

第三章　人物称谓

鼻祖

鼻祖，意即始祖，是指有世系可考的最早祖先。《尔雅·释亲》载："生己者为父母，父之父为祖，祖父之父为曾祖，曾祖之父为高祖，高祖之父为天祖，天祖之父为烈祖，烈祖之父为太祖，太祖之父为远祖，远祖之父为鼻祖。"由此可见，鼻祖即上面第九代先人。

"鼻"字的本字为"自"字。东汉许慎《说文》载："自，鼻也，象鼻形。"即"自"是一个象形字，其本义专指鼻子。由于人们在说到自己时经常会指着自己的鼻子，故"自"的字义后来逐渐演变为第一人称代词"我"或"自己"，并进一步引申出介词"从""由"和副词"本来""当然"的意思，然后又引申出动词"始"的意思，如"法者，王之本也；刑者，爱之自也"。（《韩非子·心度》）

在"自"字被用作第一人称代词之后，秦汉时期人们又新造了一个形声字来表示"自"字所代表的本义——鼻子，这个新造的字就是"鼻"。其中"自"表形，"畀"表声。而且后起的"鼻"字不仅代替了"自"的本义，还可代表"自"的引申义——"始"。也就是说，"鼻"亦当"始"讲，如西汉扬雄在其《方言》一书中说："鼻，始也。兽之初生谓之鼻，人之初生谓之首。梁益之间，谓鼻为初，或谓之祖。"《汉书·扬雄传上》有"有周氏之婵嫣兮，或鼻祖于汾隅"之说，表明"鼻祖"即"始祖"之意。

值得一提的是，"鼻祖"一词与佛教渊源很深。

宋代释普济《五灯会元》载："初住龙舒四面，后诏居长芦，法云为鼻祖。"宋代释慧远《偈颂一百零二首》诗曰："参透西来鼻祖禅，乘时东去广流传。"又，宋代释如珙《过竹田西堂无相庵房》诗："懒举话头嫌鼻祖，烧香那肯礼西方。空房消尽闲心识，日往月来不见长。"

明代破山海明禅师《破山禅师语录》载："示应如禅人，参禅打坐，透露鼻祖家风……示达愚禅人，鼻祖西来谓别传……示直指庵了尘主人，鼻祖曾来此岸头，家风卖尽冷如秋……示心宇胡居士，鼻祖西来意若何，一江星月鼓风波。"

及至清代，释超永在其所编《五灯全书》中载有"更好穷参鼻祖禅""鼻祖西来""三月时节鼻祖机关"等语。而聂先在其所编《续指月录》中载有"端的无如鼻祖禅，前是山门佛殿"之句。

由此可见，佛教对"鼻祖"一词的大量应用，极大地推动了该词的社会化普及。

浪子

"浪子"，亦称"浪人"。该词在魏晋时期即已出现，如北魏贾思勰《齐民要术·种瓜》载摘瓜法：在步道上"引手而取；勿听浪人踏瓜蔓，及翻覆之。"唐代少数民族"三浪诏"人（浪穹、邆赕、施浪）通称"浪人"。唐代樊绰《蛮书·六诏》曰："贞元十年，南昭击破剑川，俘矣罗君，徙永昌。凡浪穹、邆赕、施浪，总谓之浪人，故云'三浪昭'也。"《新唐书·南蛮传上·南诏上》曰："神川都督论讷舌使'浪人'利罗式眩惑部姓，发兵无时，今十二年。"及至宋代，该词已成为非常流行的高频词语，喻指生命、感情等，如波浪起伏、放浪无归，包含风流豪放、放浪不羁、游荡玩乐、游手好闲、不务正业、心无所归，以及流浪者的喻义。其词的势能，基本以负面指向居多，常暗含败家、败身之意。具体而言：

1.败家、败身的负面势能

北宋末年，宰相李邦彦外表俊爽，美风姿，自号"李浪子"，为文敏而工。大观二年（1108），赐进士出身，官至中书舍人。宣和五年（1123），拜尚书左丞，迁少宰，人称"浪子宰相"。宋钦宗即位后，李邦彦迁太宰，提举龙德宫使。金兵逼近开封，力主割地议和，直接造成了北宋灭亡。李邦彦自己做梦都没想到，当初自誉风姿美逸、倜傥风流的"浪子"之名，竟然暗含着巨大的亡国败家之势能。

而当年与苏东坡和黄庭坚关系交好的宋代诗僧惠洪，曾有几首很有名的爱情诗词风靡一时，古今文史学家基本上都把它当成爱情名篇。诗词虽好，但却为当时一些大家闺秀所不齿——宰相王安石之女便戏称他为"浪子和尚"，谓其言行举止与僧家严重不符，有损自身尊严。

元曲奠基人关汉卿在其《望江亭》中写有杨衙内的定场诗："花花太岁为第一，浪子丧门世无双；普天无处不闻名，则我是豪权势宦杨衙内。"这里直接就把"浪子"定义为"丧门星"了，就是败家之意。

及至晚清，刘鹗《老残游记》第二十回"浪子金银伐性斧，道人冰雪返魂香"载："许大站起来就要走，吴二浪子扯住道：'我倒有个法子，只是你得对天发誓……'许亮连连答应着'是'。"文中的"浪子"亦为败家之意。

2. 放浪不羁、风流玩乐、游手好闲、不务正业的势能指向

宋代华岳《新市杂咏十首》载："青衫揾泪向人啼，妾本秦楼浪子妻。流落南州归不得，青楼今在画桥西。"

宋代罗烨《醉翁谈录·韩玉父寻夫题漠口铺》："生平良自珍，羞为浪子负。"

宋代吴文英《如梦令》："秋千争闹粉墙，闲看燕紫莺黄，啼到绿阴处，唤回浪子闲忙。"

宋代徐梦莘《三朝北盟会编》卷二百三十六载："韩之纯，轻薄不顾士行之人也，平日以浪子自名，喜嬉娼家，好为淫媟之语。"

元代王实甫《西厢记》第三本第一折："我则道拂花笺打稿儿，原来他染霜毫不构思。先写下几句寒温序，后题着五言八句诗……忒聪明，忒敬思，忒风流，忒浪子。"

元代郑光祖《倩女离魂》第一折："那王秀才生的一表人物，聪明浪子，论姐姐这个模样，正和王秀才是一对儿。"

明代梁辰鱼《六十种曲浣纱记》："又不知是个闲游浪子，假作官僚。"

《水浒传》第二十一回："佳人有意村夫俏，红粉无心浪子村。"第六十一回："亦且此人百伶百俐，道头知尾……北京城里人口顺，都叫他做浪子燕青。"又第九十一回："街衢中有几个无事闲游

的浪子，见猪八戒嘴长，沙和尚脸黑，孙行者眼红，都拥拥簇簇的争看。"

清代钱德苍《缀白裘》："（净）咚咚搭鼓上长街，引动风流浪子来。"又"大街浪人多，弗好说，我搭侬到无人场哈去说。"

清代李渔《意中缘·诓姻》："谁想走到面前，不是读死书的秀才，就是卖油腔的浪子。"

明代风月轩入玄子也写有一本浪子之书《浪史奇观》，其中第一回便是"云雨时今朝演说，风月事千古传流"。足见"浪子"之词性的使用，多为风流放荡之意。

3. 喻指生活上行踪不定的流浪者

唐代王勃《春思赋》："仆本浪人，平生自沦。怀书去洛，抱剑辞秦。"

唐代柳宗元《李赤传》载："谓有江湖浪人名李赤，夸其诗类李白，故自号曰李赤。"

明代王錡《寓圃杂记》卷上："长发为浪子者数年，后复剃而归。"

当代著名摇滚音乐人崔健还写有《浪子归》歌曲，其义亦如此。

值得一提的是，由于隋唐以来日本汲取了大量中国文化，借用并"在地化"了很多中国文化中的高频词语，"浪子"一词便包含其中。尤其在日本幕府时代，日本更是直接将脱离藩籍、四处流浪、居无定所的日本武士称为"浪士"或"浪人"。由于很多浪人葆有武士的忠君、节义、勇武、坚忍等美德，因而渐渐演变成固定的社会阶层，出现了"日本浪人"的人群概念。但是，因为有些"浪人"

依靠拐骗、劫掠、盗窃为生，也极大矮化了"日本浪人"的英名。有趣的是，时下日本的"浪人"之谓，则多指考试不及格者。

4.生命尚未悟道，心灵仍在四处流浪的人

唐代尔朱翱《还丹口诀》："一阴一阳乃成道，秋石苍苍浪子孙。"

《南宋元明禅林僧宝传》："所谓浪子怜乡客，杯翁爱醉人者。"

明代《百愚禅师语录》第一部分载："上堂竖拂云：'四月江城花事稀，赏心浪子竟忘归。'"

明代石雨明芳禅师《石雨禅师法檀》载有"送九峰三如行脚，多年浪子不还家"以及"随风逐景探烟霞，浪子回头便做家"等诗句。

明代释智旭《灵峰蕅益大师宗论》载："曾为浪子方怜客，不是波斯莫献珠。"

清代超永《五灯全书》载："浪子无依哭旅亭，那堪猿叫又伤心""浪子不甘休歇去，长天空挂月如珂"等诗句。

…………

以上历代修行者们所言及的"浪子"，都是指尚未证道的迷人，他们"认而不识，知而不进，行而不抵，身无所主，命无所立，上无所承之心，下无所化之力，空悲切！都是温水煮青蛙的生命"。（米鸿宾《会心》）若按照这个标准来衡量，则"浪子"满地。他们的生命皆如宋代罗大经所言："绘雪者不能绘其清，绘月者不能绘其明，绘花者不能绘其馨，绘泉者不能绘其声，绘人者不能绘其情，然则语言文字固不足以尽道也！"

换言之，在万象涵辉的人世间，内心若能止住波波浪走，则必可化满头狼藉。

以上诸论，显彰化源，领人理意，见仁见智。祈愿人人能清辉自化，早度迷津，不再浪迹人间。

掌门

"掌"字有管理和主持之意，如"掌管、执掌乾坤、执掌一方"等。又如，《周礼·春官》曰："太卜掌三易之法，一曰连山，二曰归藏，三曰周易，其经卦皆八，别皆六十有四"。这里的"掌"，也是管理与主持之意。

汉代将主管教务的人称为"掌教"。例如，汉代徐干《中论·治学》曰："故先王立教官，掌教国子，教以六德。"南朝梁代刘勰《文心雕龙·练字》曰："《周礼》保氏，掌教六书。"《新唐书·百官志二》曰："淑仪、德仪……掌教九御四德。"南唐昇元中建白鹿洞学馆，置田以给诸生，以李道善为洞主掌教授。明清开始，便称府、县教官及书院主讲为"掌教"。

值得一提的是，人们对"掌"的功能的认识之提升，与唐代高僧一行禅师密不可分。

一行禅师是我国著名天文学家和佛学家，佛教密宗创始人之一，精通历法与天文，主持编修新历，订《大衍历》，著有《大日经疏》《大衍玄图》《义决》《达摩一掌经》等。由于其聪敏博览，见重于代，深受唐玄宗器重。一行禅师去世时，唐玄宗亲自撰塔铭，谥其

"大慧禅师"号。

一行禅师博览经史，尤精阴阳五行之学，其所著《达摩一掌经》，又称《一掌经》，是用以推定欲出家之人的善恶智慧的。具体方法是不假天干，只以地支于指掌间推演，便可断人一生命运的休咎、忧虞、悔吝、得失等，也包括祖业、父母、兄弟、夫妻和子媳等吉凶，洞若观火，为度世之秘。

"十二时中去不还，命犯重者走江山。世间多生迷途者，只在山僧一掌观。"《一掌经》中这首名诗使无数后人对这个葆有浩瀚门道的神奇"一掌"产生了莫大艳羡和追慕。

后来，这个能摄受天下的"掌上千秋史，胸中百万兵，太极宇宙乾坤大，阴阳天地一掌中"的本事，不断地出现在古籍和章回体小说中，成了一个令人充满向往的神秘之学。于是，在此多元背景下，"掌"这个词落实在不同行业，便引申出不同的专有名词，如：掌柜（旧时镖局领导）、掌权（当权者）、掌勺（厨师）、掌舵（舵手）、掌印（印鉴掌管者）等，而掌管城门者，被谓为"掌门"。例如，宋代钱易《南部新书》曰："薛王车半夜发，及郭，西门不开，掌门者云：'钥匙进内。'"明代吕毖《明宫史》"京城内外十六门"载："正阳门掌门官一员……崇文门掌门官一员……宣武门掌门官一员……"明代刘若愚《酌中志》载："各掌门官一员，管事官十余员不等。"明代沈榜《宛署杂记》亦载："主库以是责之。经由掌门亦以是责之，诸在官人役悉以是责之。"明代徐复祚《六十种曲红梨记》："掌门的官儿那里。"又"掌门指挥候送爷"。明代汤显祖《牡丹亭》："〔净听介〕掌门的，这什么所在？拿过来。"有了这个基础，后来人们便将执掌宗门者也称为"掌门"——执掌一个宗门诸般事务的领袖，握有生杀予夺、发号施令的无上权力。清代周安士《安士全书》载："掌门者怜而出之，走雪中五日夜。"

再后来，"掌门"一词得以广为普及，主要是因为武侠作品的传播使其走进了千家万户。如，清代张杰鑫《三侠剑》便云："此人乃下五门第三门掌门徒弟，七星真人赵昆福。"金庸《射雕英雄传》云："梁老怪总算是一派的掌门，与这后生小子动手，怎么尽是闪避？"梁羽生《白发魔女传》第一回道："武当派的掌门人紫阳道长，武功卓绝。"

总之，近代武侠小说的风靡，使"掌门"一词迅速地深入人心。

主 席

《文子·自然》载："孔子无暖席，墨子无黔突。"是说，孔子和墨子两位哲人，一生四处周游，每到一处，坐席尚未坐暖，灶突还没熏黑，就又匆匆地到别处去了。以此来形容人们忙于世事，四处奔走。后来，汉代班固《答宾戏》将此载为："是以圣哲之治，栖栖遑遑，孔席不暖，墨突不黔。"

《墨子·非儒下》记载了孔子教导弟子之语："割不正不食，席不正不坐"。

以上典故都提到了"席"。

古代古国没有椅子，人们通常席地而坐。按照古代规制，房间面积大小的席子叫"筵"，每个人所坐的小垫子称为"席"。古人进屋后，先脱鞋，然后走过筵，最后坐在席上。入席后，将主人中长辈独坐的正位，即一席之主，称为"主席"，以此表示尊敬。《孔子家语·颜回十八》载："公闻之，越席而起，促驾召颜回。"说的就是鲁定公听到所驯之马逃掉之事，不顾颜面，越席而立，并让人马上驾车去把颜回接回来的场景。这个"越席而起"，就是对鲁定公坐在自己的主人席上一跃而起的描述。

《新唐书·列传》第一百八十卷载："初，偓侍宴，与京兆郑元规、威远使陈班并席，辞曰：'学士不与外班接。'主席者固请，乃坐。既元规、班至，终绝席。全忠、胤临陛宣事，坐者皆去席，偓不动，曰：'侍宴无辄立，二公将以我为知礼。'全忠怒偓薄己，悻然出。"短短一句话，竟然出现"并席""绝席""主席""去席"四个词语，足见人们应用"席"的普及程度！

在宋代，大书法家米芾在《苕溪诗》中写有"主席多同好，群峰伴不哗"之句；宋代大儒邵雍之子邵伯温于《邵氏闻见后录》卷二十九写有"着锦袍坐于主席"之句；再后来，又有了传世之熟语"听君一席话，胜读十年书"。（宋代《增广贤文·上集》）

这个表达尊崇的"主席"之谓，后来演变为政治术语，用以表达更高的敬意。此后更是跨越了朝堂与市井，融入了僧家，如清代李斗《扬州画舫录》卷七载："寺僧照月，守戒律，阐宗风，足不履限，胁不至席，化千人，主席十数年如一日，后示寂于华山律院。"这里的"主席"，除了有主领之意，亦含有主法之意。清代张郁文《光福诸山记》载："崇祯元年，吴江知县熊开元延三峰法藏主席，为中兴第一代祖。"等等。

如今，广东人常将"埋位"称为"入席"，此即古代中国人席地而坐的遗风所致，日本迄今仍保留这种传统。

秦以后，古人席次尚右，右为宾师之位，即居西而面东。因而，家塾教师和官僚们的幕客，均被称为"西宾"，亦称"西席"或"宾席"。例如，元代刘一清《钱塘遗事》卷三载："暇日过岳麓精舍，舍长刘某年差长，将坐，揖曰：'相公主席。'公摇手曰：'到这里说甚相公？'竟就宾席，取酒尽欢而去。"

在先秦时期，人们将飨宴时酹酒祭神的长者称为"祭酒"，而早在《仪礼·乡饮酒礼》中便有"祭酒"的记载。战国时期的荀子就曾在齐国著名的"稷下学宫"三为"祭酒"（相当于三次被选为校长），由他所创的博士官制度通用至东汉，其中将"博士首席"称为"博士祭酒"，专门负责主管太学。"祭酒"之名，亦由此演变为学官。其中的"首席"一词，便是由"主席"一词演化而来。后来，"首席"与"主席"常常并用，如明代渭滨笠夫《孤山再梦》第六回载："下了马，让雨林先行到内，各处游毕，乃就席。雨林再三谦让，乃与田先生作揖告席，方坐首席。柳、梅二生坐主席。田左人因师弟之分，雨林避席难坐，反坐旁席，白雁鸿因陪他也坐旁席。"

关于"首席"一词，明代一位"三元及第"的牛人之趣事亦可加深我们对其的理解。这个牛人是谁呢？他就是宣德进士，英宗、代宗、成化三朝阁臣宰辅商辂。他在 22 岁时以乡试第一中举人，称解元；32 岁时以会试第一中进士，称会元；参加殿试名列第一，赐状元及第。

商辂 62 岁辞朝退休，因身体尚健，也为晚年消遣，便改名换姓，游历外乡做私塾先生，应聘到一个财主家中教授其幼子读书。

古代的私塾先生，其出身多为久试不中的老秀才，因而常被人瞧不起。商辂自称是老秀才，就馆之后，主人对他亦常见傲慢。这是因为，财主家中还请有三位先生，都是举人出身，所以他们对商辂不是很待见。

有一天，财主为母亲祝寿，大宴宾客，其他三位塾师都受邀其中，唯独未请商辂。主人的幼子见父亲没请先生，便将此事告诉了商辂。

商辂闻言，马上给幼子放了假，然后径直来到客厅坐下。主人见状，不得已只好勉强招呼他入席。可商辂却不客气地直接坐到了首席上座。这个举动让其他人很不爽，心想：你一个秀才凭什么敢坐首席上座？于是，有一人便忍不住问道："请问先生您坐过几回首席？"

商辂看了一眼对方，微微一笑，道："有五回。"众人很好奇，便请他说说。于是，商辂说道："我结婚时，在岳父家喝酒，坐在了首席，这是第一回。"众人听完哈哈大笑。但商辂却十分镇定，继续缓缓说道："考上举人那年，去赴'鹿鸣宴'坐的也是首席，这是第二回。"言罢，众人脸色顿时肃然。紧接着商辂又说道："后来考上了进士，赴'琼林宴'又坐了一回首席，这是第三回。"说完，全场鸦雀无声。

但商辂根本不顾众人的反应，继续说道："再后来，殿试过后，皇上赐下'恩荣宴'，我也是坐了首席，这是第四回。"言毕，众人皆惭色升面，表情很不自然。但商辂又继续说道："去年春天，皇上设宴招待群臣，老夫是领班，不得已又坐了首席。"话音刚落，众人惊讶得全都站了起来！并再三叩拜，道："阁老，小人有眼不识泰山，万望海涵。"

商辂哈哈一笑，道："诸位，请落座喝酒，这些小事无须放在心上。"

场面一时翻转过来，最初对商辂的不懈和鄙夷已荡然无存。财主和众人全都满面赔笑，一片阿谀之态。

数日后，商辂由于暴露了自己的大佬身份，又不愿应付这些势利之徒，便辞馆回乡去过自己的逍遥日子了。

我们从这个故事当中可以看出：莫欺少年穷，亦莫欺老无用，更切莫以貌取人。要知道，这世上，在寻常的外表下，谁知道谁有多少真金白银呢？！

高手

何为"高手"？

圣贤之言，妙用无方；教化天下，其福绵祥。

众所周知，"自强不息，厚德载物"是清华大学的校训，并且清华大学的西门还有"人文日新"的铭文。其中，"人文"一词，出自《易经》："观乎天文，以察时变；观乎人文，以化成天下。"而"日新"一词，则源自《大学》："苟日新，日日新，又日新。"这个砥砺天下人民美好向前的词语，也成为中国服装专业著名学府北京服装学院的校训——"弘毅日新，衣锦天下"。可见，经典是千古不绝的增上缘。

在中国传统文化中，"手"在《易经》里对应艮卦，同时艮卦亦代表山。（《易经·说卦传》）众所周知，大地之上，山为最高；一身之内，手为最妙。裁云缝月，巧匠运斤，其高其妙，终不离手，于是遂有"高手"之谓，并在中华大地流传近2000年，为各行各业所钟爱。

文学家认为，"文体华净，少病累，又巧构形似之言，雄于潘岳，靡于太冲。风流调达，实旷代之高手"。（南朝梁代钟嵘《诗品·卷上·晋黄门郎张协》）"能于浅处见才，方是文章高手。"（明代李渔《闲情偶记》）

画家认为，"诏高手工六人往，绘写精肖，其国以为未尝有……"（《新唐书》）

医家认为，"使正气无损，而邪气得释，能执中和，斯为高手"。（明代张景岳《景岳全书》）"身不闲艺业，而谓之高手上工。"（明代陈子龙《皇明经世文编》）这是说，于所从事技艺精绝，高妙无缺，手出锦绣，才是上工之高手。

高手之高，精诚动人，山登绝顶，与物浑然。其精、其绝、其妙、其效，一时天下无匹。

东道主

"东道主"一词出自《左传》中"烛之武退秦师"的故事。

据《左传·僖公三十年》载："若舍郑以为东道主，行李之往来，共其乏困，君亦无所害。"

公元前630年（鲁僖公三十年）9月13日，晋文公和秦穆公的联军包围了郑国国都。郑文公在穷途末路之际，无奈只得向老臣烛之武求助解围。当夜，烛之武趁着夜色，命人用粗绳把他从城头上放下去，去私会秦穆公。

晋国和秦国是两个大国，他们之间原本就不和，明争暗斗是家常便饭。烛之武对秦穆公动之以情晓之以理："秦晋联军攻打郑国，郑国怕是难保了。但郑国灭亡，对秦国也并无一点好处。就地理位置而言，秦国和郑国之间隔着晋国，秦国要想越过晋国来控制郑国，恐难实现！到头来，只有晋国坐收渔利。一旦晋国的实力增加，对秦国的威胁就会加大，这是明摆的道理啊！"秦穆公听完，认为烛之武言之有理。烛之武又趁热打铁，进一步说道："您若能将郑国留下，让他作为秦国东方道路的主人，将来秦国使者途经郑国，如果需要郑国帮助，郑国一定会乐此不疲的。这不是两全其美吗？"

烛之武的一番话，秦穆公深感在理。于是，他便单方面与郑国签订了和约。晋文公无奈，只得退兵。

由于秦国在西，郑国在东，因此郑国对秦国就自称"东道主"。这个词从此流传下来。

时下，人们经常把接待宾客的主人称为"东道主"。后来，"东道主"泛指接待或宴客的主人。即便是赛事的主办国或主办城市也可以被称为"东道主"。

对人生而言，人人都是自己这副皮囊的东道主，每天要供养这副皮囊吃喝玩乐，还不厌其烦……很多时候都不知道究竟谁是"主人"？

金龟婿

金龟婿，指身份高贵的女婿。这个美称出自唐代李商隐的《为有》诗："为有云屏无限娇，凤城寒尽怕春宵。无端嫁得金龟婿，辜负香衾事早朝。"是说，一贵族女子在冬去春来之时，埋怨身居高官的丈夫因为要赴早朝而辜负了一刻千金的春宵。

历史上，将丈夫称为"金龟婿"，与唐代官员的佩饰制度有着密切关系。

《新唐书·车服志》载，唐初，内外官五品以上，皆佩鱼符、鱼袋，以"明贵贱，应召命"。关于符，即是一种身份证明；鱼符即是制成鱼形的符。明贵贱，指的是用不同材质来区分官职高低——低等级的官员用的是木鱼符，从六品起开始佩戴铜鱼符，五品以上佩戴银鱼符，三品以上的官员和亲王佩戴的鱼符则用黄金铸造。应召命，即：官员们应召出入宫门时，必须佩戴鱼符以备验证。为了"防伪"，鱼符通常分为左右两半，"分而相合"，右符交给官员随身携带，左符朝廷留存以备查验，而装鱼符的鱼袋也是"三品以上饰以金，五品以上饰以银"。

当年唐代贺知章见到李白后，惊为神仙下凡，遂邀李白去饮酒，但因为身上忘了带酒钱，便把腰间朝廷奖励的金龟袋解下来作为酒钱。从此，谪仙人，千金龟，换美酒，传为一段佳话。及至后来，贺知章还专门向皇帝推荐李白为翰林待诏。

金龟袋的出现与武则天有着直接关系——武则天在天授元年（690）改内外官所佩鱼符为龟符，改鱼袋为龟袋，并规定三品以上龟袋用金饰，四品用银饰，五品用铜饰。可见金龟既可指用金制成的龟符，亦可指以金作饰的龟袋。但无论何指，均属亲王或三品以上官员。也就是说，谁的家中若招了一个佩戴"金龟"的女婿，最次也是个三品大员！这种情形即使放到现在也绝对是一桩喜庆事！

值得一提的是，在武则天逝世后，龟符制度又被改回了鱼符，但"金龟婿"一词却流传了下来，至今仍常被使用。

老丈人

称妻子的父亲叫"老丈人"或"丈人"，这个称谓由来已久。其实这个词在很久以前，意义并非如此。

在秦汉以前，"丈人"是对上了年纪的老年男子的称呼，而对妻子的父亲则称作"舅"或"妇翁"。《论语·微子》载："子路从而后，遇丈人，以杖荷蓧。子路问曰：'子见夫子乎？'丈人曰：'四体不勤，五谷不分，孰为夫子？'植其杖而芸。"

"丈人"这个对老年男子的尊称，何时转化为对妻子父亲的专称呢？翻阅古籍，可见唐代的文学家柳宗元在《祭杨凭詹事文》中曾写道："年月，子婿谨以清酌庶羞之奠，昭祭于丈人之灵。"宋人《猗觉寮杂记》和《鸡肋编》都据此以为用"丈人"指称妻子父亲始自唐代。实际上，这种用法还可在更早的史籍中找到。陈寿的《三国志·蜀志·先主传》载，汉献帝刘协之舅车骑将军董承，也是刘协的表叔。他亲上做亲，将女儿嫁给刘协做了"贵人"。裴松之给《三国志》作注时写道："（董承）于献帝为丈人，盖古无丈人之名，故谓之舅也。"可见"丈人"作为妻子父亲的称谓至迟在三国时代就已出现了。

清代《笑林广记》载，有以岳丈之力得中魁选者，或为语嘲之曰："孔门弟子入试，临揭晓，闻报子张第九，众曰：'他一貌堂堂，果有好处。'又报子路第十三，众曰：'这粗人倒也中得高，还亏他这阵气魄好。'又报颜回第十二，众曰：'他学问最好，屈了他些。'又报公冶长第五，大家骇曰：'那人平时不见怎的，为何倒中在前？'一人曰：'他全亏有人扶持，所以高掇。'问：'谁扶持他？'曰：'丈人。'"

这个故事是讲，有个人凭借岳父之力得以中魁。有人编了一套话讥讽说："孔门弟子入试，临到揭晓，闻报子张排名第九，众人说：'他相貌堂堂，果然有好的位次。'又报子路排名第十三，众人说：'这粗人倒也中得高，全靠他这阵子神气好。'又报颜渊排名第十二，众人说：'他学问最好，屈了他些。'又报说公冶长排名第五，大家吃惊地说：'那人平时不怎么样，为什么倒中在前面？'其中有个人

说：'他全亏有人扶持，所以高中。'众人问：'谁扶持他？'那人回答：'丈人。'"（公冶长系孔子女婿）

伯仲叔季

古代有些人的名字有明显的共性，如：孔子字仲尼，三国司马懿字仲达，隋代大儒王通字仲淹，宋代范仲淹字希文……这些名字都有"仲"字。这是为什么呢？

这就要从古人起名字的原则讲起。

古人在起名字时往往会依据"伯（孟）、仲、叔、季"来表序。据《左传·隐公元年》载："惠公元妃孟子。"唐代孔颖达疏："孟仲叔季，兄弟姊妹长幼之别字也。孟、伯俱长也。"《仪礼·士冠礼》曰："伯某甫，仲、叔、季，唯其所当。"汉代经神郑玄曰："伯仲叔季，长幼之称。"汉代班固所编《白虎通·姓名》亦载："以时长幼，号曰伯仲叔季也。伯者，子最长，迫近父也。仲者，中也。叔者，少也。季者，幼也。"由此可知，"仲"的排行是第二。当年周部落首领古公亶父，长子太伯（亦称泰伯、吴太伯）排行老大，两个弟弟分别是仲雍和季历。

古代按照"伯、仲、叔、季"取名是普遍习惯。例如，三国时孙坚的四个儿子名字分别为：长子孙策字伯符，次子孙权字仲谋，三子孙翊字叔弼，四子孙匡字季佐。兄弟讲排行，姊妹也讲排行。古代待嫁女子的姓氏之前往往也加"伯（孟）、仲、叔、季"之位序字，如"伯姬""叔姬"等。其中，"孟"表示排行老大，比如人们熟悉的那个以哭夫崩城而闻名的文学人物孟姜女，姓姜，一看就知道是姜家大小姐。

了解了以上常识，我们就知道孔子为什么"字仲尼"了。因为在家中男子里排行老二之故，前面还有一同父异母、脚有残疾的哥哥，叫伯尼。孔子19岁生儿子时，鲁昭公赐一鲤鱼，因此给儿子起名孔鲤，字伯鱼，伯就是长子之意。此外，我们熟悉的司马懿，字仲达，一看便知也是家中兄弟中排行老二。曹孟德、范仲淹、陈季常以及近现代的林伯渠、刘伯承、何叔衡皆是如此。一个名字，显示的是中国文化中的基础常识。

下面是一则与伯、仲、叔、季有关的著名历史事件。

春秋时期，崔杼杀死齐国国君齐庄公，犯下弑君之罪。但因齐庄公偷淫崔杼之妻在先，加上崔杼大权在握，人们对他也奈何不得。可当时的史官太史伯，却恪尽职守，秉笔直书，在史书上记下："周灵王二十三年夏五月乙亥，崔杼弑其君。"崔杼看后大怒，杀之。未承想，太史伯有三位弟弟都是史官——分别是太史仲、太史叔、太史季，他们说："秉笔直书是史官的天职。我们宁可为写信史而死，也绝不失职贪生。"兄弟们前赴后继，在老二、老三又接连被杀后，接班写史的老四太史季依然秉笔直书崔杼弑君这段历史。崔杼问他："你不怕被杀头吗？"太史季答道："秉笔直书是史官人品和道德的崇高体现。史官对后世应负历史责任！"崔杼听后，无奈地说："我也是为了国家才杀这个无道昏君的呀。即使你直书，国人也会谅解我的。"于是没有杀他。

伯（孟）、仲、叔、季，不仅用在人的排行上，同时也见于四季排行。其中，不管是多于还是少于四个，"季"都是代表最末的；如果只有三个，它就是老三。"春夏秋冬"就分别具有"孟、仲、季"三个月（即孟春、仲春、季春，孟夏、仲夏、季夏，孟秋、仲秋、季秋，孟冬、仲冬、季冬）。而"伯仲"两字连用，则表示"相差不多，难分高下"，成语有"不相伯仲""伯仲之间"等。

第四章　日常用语

打点

"打点"一词，有疏通、协调关系、收拾东西之意，看似与时间无任何关系，实际上该词是源自古代的报时制度。

周朝教育制度规定少儿蒙学需从"字学"（"六甲六书"）开始。其中，"六甲"是指甲子、甲戌、甲申、甲午、甲辰、甲寅，"六书"是指《周礼》中记载的汉字的六种造字方法。对于"六书"，班固在《汉书·艺文志》里提到："周官保氏，掌养国子，教之六书，谓象形、象事、象意、象声、转注、假借，造字之本也。"我们现在大多数人所用六书的顺序也是依照班固的顺序。《汉书·食货志上》载："八岁入小学，学六甲五方书计之事，始知室家长幼之节。"古代从小学开始学习天干地支，人人了解时辰，熟知二十四节气、七十二候以及二十八星宿，生命就由此跟天道连接在一起！如今，对这些常识的理解，今人还有很多差距。就时辰而言，你若不熟悉干支与节气，就难以读懂古人的某些著作，如宋代范成大的《梅雨五绝》："乙酉甲申雷雨惊，乘除却贺芒种晴。插秧先插蚤籼稻，少忍数旬蒸米成。"人们看到第一句话就会被障碍住——什么是"乙酉甲申"？若你懂得天干地支的内容，自然就会明白，"乙酉甲申"是乙酉日下午的甲申时（3—5点），在这个时间段里，诗人被雷雨惊到了……

这些传统文化的基础内容，与中华民族的生活息息相关。素有

"中国民间故宫""华夏民居第一宅"之称的山西王家大院，门楼上的碑刻匾额为"寅宾"二字，而其他很多老宅院中也有"寅宾"匾额，可惜今人多不知其义。

寅宾，与寅时太阳即将升起、光明来临有关，喻为迎接带来光明的宾客，古代亦称"迎寅"，首见于《尚书·尧典》之"寅宾出日，平秩东作"。由于太阳每天从东方升起，故而东门在古代亦被称为"寅宾门"，至今湖北荆州的古城墙尚存有"寅宾门"字样。唐代文学家独孤授亦有散文《寅宾出日赋》传世。宋仁宗赵祯曾书"寅亮天地弼予一人"赠其老师张士逊，意思是说，"帮我启明天地，辅佐我成就功业"，以此表达对老师的尊敬之情。

你看，若不了解这些历史，就不能完整地了解其文化背景，更谈不上活态应用，嵌入生活。

说到时辰，就必须提及古人天天使用的报时方法——打更。具体而言，就是：一更天为晚上戌时，二更天为晚上亥时，三更天为夜半子时，四更天为凌晨丑时，五更天为黎明寅时。古人对时辰的应用非常寻常，强调三更天一定要睡觉，因为那个时辰经络正好走肝经，按时休息对肝脏好。古代官员五更准备前去上朝，然后点卯（卯时），到了辰时才能散朝回家。也就是说，官员们黎明就要起床，几个小时后才能回家。因此，一般都是早上九点左右吃一餐，下午五点左右吃一餐，一天吃两餐，妥妥的"朝九晚五"，一日两餐。这个称谓习惯迄今在日本有所保留，称为朝食和夕食。

有了打更之后，便有了打点。古人把一更分为五点，每一点约为 24 分钟。点，原为形如小铜钟的乐器，中间鼓起，两边有小孔，更夫用绳子穿到孔里，把点系到手上，报时时用手打点发声即可。

由计时单位衍生为走关系、收拾等义，这是词语异化的一个例据。

《红楼梦》中有"（凤姐）又拿了三百银子与他去打点"之句，其中的"打点"即为以财物疏通关系之意。而《水浒传》第四十四回载："大哥，你便打点一间房，请叔叔来家里过活，休教邻里街坊道个不是。"这里的"打点"则是收拾、准备之意。

看来，在不同的场合，"打点"的意思也是不尽相同的。

方便

"方便"一词在元明时期的文章中十分常见。元代施惠《幽闺记·皇华悲遇》曰："罢罢罢，自古道'与人方便，自己方便'。"明代吴承恩《西游记》第十八回亦云："施主莫恼，与人方便，自己方便。你就与我说说地名如何？我也可解得你的烦恼。"

"方便"更早的出处则为佛教典籍，最早见于后秦鸠摩罗什所译《维摩诘所说经·法供养品》："以方便力，为诸众生分别解说，显示分明。"南北朝时期北魏的昙鸾所著《往生论注》亦云："般若者，达如之慧名；方便者，通权之智称。达如则心行寂灭，通权则备省众机。"隋代吉藏大师《法华经义疏》云："方便是善巧之名，善巧者智用也。理实无三，以方便力，是故说三，故名善巧。"可见，以灵活方式因人施教，使悟真义，即为方便。

然而，此后"方便"的含义却发展得很多元。

下面一则令人捧腹的网络笑话，可令我们领略"方便"的多元含义及其带来的幽默感：

吃饭时，一人说去方便一下。老外不解，旁人告诉他，方便就是上厕所。敬酒时，另一人对老外说，希望下次出国时能给予方便。老外纳闷，不敢问。酒席上，电视台美女主持人提出，在她方便时会安排老外做专访。老外心中愕然：怎么能在你方便的时候做专访呢？美女主持人说，那在你方便时，我请你吃饭。老外直接懵掉……

佛教的《地持经》说有"十二巧方便"，《摩诃止观》说有"二十五方便"，等等。"方便"因有上述多种意义，故其释义也有许多种，下面列其主要者：1. 婉辞，指大小便；2. 便利的、省事的、适宜的；3. 佛教语，谓以灵活方式因人施教，使悟佛法真义；4. 随机乘便；5. 容易；6. 指钱财宽裕。明白了这些，理解上面那则笑话便方便多了。

绯闻

"绯闻"这个词，出现时间并不长，但与"绯"有关的中国色彩智慧却有数千年的历史，在《礼记》《吕氏春秋》等许多先秦典籍中都有明确记载。

色彩用在人们的衣着上，除具有等级之效外，还有时令之利。

古语所言"天下无礼乱穿衣"，就是指着装不符合礼法以及悖时用色。后者是指不懂得季节的时运色，而穿着与其相悖的颜色服饰，从而影响自己运气。

唐代大书法家颜真卿在担任醴泉尉时，听说唐玄宗亲自主持科考，想要去报考，为了此事，他专程去向一个精通相法的尼姑咨询前程。尼姑说："颜郎事必成，自后一两个月必到朝中做官。"颜真卿又问："官运到头，服到五品吗？"尼姑笑答："颜郎所望，何其卑邪？"意思是说，你期望的这个官太小了。颜真卿说："得五品就可以穿绯衣、戴银鱼了。能做到五品，吾愿已满矣。"尼姑指着桌上一块紫色的绸缎说："颜郎衫色如此，位在三品之内。"对于能达到这个结果，颜真卿简直不敢相信。后来，颜真卿果然名列高等，授长安尉，不数月迁监察御史，其后仕途一帆风顺，公服颜色也由碧而绿，再染为赤，最后直到官居二品，穿上紫衫。

这个故事，除了让人们见证这个尼姑有着未卜先知的功夫之外，还告诉我们颜色与人生的运气是有着密切关系的。在不同时候，某些特定色彩是人生某种运气的标志，有着兴衰荣毁的指向性。

秦代制定官服为三品，最上为紫，居中为赤，最下为绿。

"居中为赤"，是指古代朝官的红色品服，"绯"即红色的一种。常见的绯红色有深绯、浅绯、绯桃（桃花）三种颜色。据说，明代大儒王阳明出生当夜，其祖母梦里听闻鼓乐之声，有绯衣神人自云中将一婴儿交托给她。梦中惊觉时，阳明就诞生了。

人们常说的桃色新闻，其实就是绯色新闻，简称为"绯闻"。该词语历史并不长，仅有百年左右，多用于指代男女风流韵事和桃色新闻。其来源，始于中国近代著名教育家蔡元培先生。

蔡元培任北京大学校长之时，倡导"思想自由，兼容并包"的办学理念，大胆摒弃地域和政治门派观念，聘请了左中右不同派别的导师、教授和学者名流。这里既有留学海外的洋派学者，也有身穿长袍、顶留辫子的国内饱学之士。那时的北京大学，真可谓名师云集，人才荟萃，少长咸集，济济一堂，生气勃勃。但是，任何事都会有不同的声音——著名翻译家林琴南（林纾）就指责蔡元培先生乱聘教授，破坏了中国传统的礼仪秩序。

林纾写信给蔡元培称："若尽废古书，行用土语为文字，则都下引车卖浆之徒所操之语，按之皆有文法……凡京津之稗贩，均可用为教授矣。"（《答大学堂校长蔡鹤卿太史书》）明确反对新文化运动。

但蔡元培据理力争，甚至用公开信阐述自己的办学主张："教员关键是要有学问，洋的土的留辫子的甚至有喜作'绯艳'诗词者，只要不搞政治和引学生堕落，教学生学问有何不好？你林琴南就曾翻译了《茶花女》，若有人说你有同妓女通奸的作品，从此不可谈论伦理，你不觉得很可笑吗？"蔡先生这封公开信发表之后，"绯艳"一词正式面世，之后不久就发展出了"绯艳的新闻"一语。

随着在报刊杂志上这个词语高频率地简化使用，"绯闻"一词便横空出世，流行开来。

林纾有一句名句，非常耐人寻味："守法度，有高出法度外之眼光；循法度，有超出法度外之道力。"

此外，值得一提的是，郭沫若在 1948 年发表了一篇《斥反动文艺》的文章，集中抨击沈从文、朱光潜等人，其中对沈从文的批判最为难听，说他是"桃红色作家"，"作文字上的裸体画，甚至写文字上的春宫"。这篇文章在 1949 年又以手抄的形式出现在北大校园各处，直接导致沈从文的社会性死亡——这个被逼成"精神失常"的沈从文，两次自杀（未成）。

而郭沫若所言的"桃红色作家"，其实就是"绯闻"作家之别语，足见该词在当时之流行。

学 习

究竟何为"学习"？恐怕今人真正清楚的并不多。

我们先来看看每个单字的意思：

"学"，《说文》释："学，觉也。"意即开启智慧为学。在古代，"学"是为开启自己内在的觉悟，即所谓"大学之道，在明明德"。而"学者"，即为致力于觉悟之人。佛教的创立者佛陀，译过来就是"觉者"之意。可见，"学"是抵达智慧之路；有了智慧，便会有无畏之安。因而，南北朝的颜之推说："有学艺者，触地而安。"真正有学问和才艺的人，可以随处安身！而这，才是真正安身立命的功夫。

"习"，《说文》释："习，小鹰试隼。"小鹰为了飞翔，要不断训练，直至能够稳定地翱翔。但在现实中，一次性的证悟未必稳定，因此要不断实践，直至将其稳定地内化到自己生命之中，成为自己的智慧。

孔子曰："学而时习之，不亦说乎？"是说，经常让自己觉悟并不断稳固这种状态，让生命走在智慧的方向上，是多么开心的事情呀！

长智慧，提升自己的识鉴力和深刻度，是"学习"的核心。而长智慧的要点首先便是要有能识人的功夫。

老子曰："知人者智。"当年，孔子的贤徒樊迟问老师，什么是"智"？孔子毫不犹豫地说："知人！"在"智"的核心问题上，老子与孔子这两位圣人的见地是无二无别的，并且，识人的本质就是识势——探究不同人的生命势能规律。那么，为什么要研究其生命"势能"呢？《孟子》曰："虽有智慧，不如乘势。"识势、乘势是智者必备的精良品质！

"以人为本"是春秋名相管子首先提出的观点，并成为中国文化的重要特质之一。那么，人本之道究竟是什么呢？《易》曰："立人之道，曰仁与义。"就文化而言，能通天达地，又能壁立其间者，方为仁者。古语说："仁者无敌。"而如何能够无敌呢？就是让自己成为顺天应人、胜物而不伤的活体生命。

在现实生活中，如果你的所学，成为贡高我慢的资本，则必会深受麻醉，贻害幽蔽无穷。而究其实质，是丧失了敬意所致！

要知道，任何学问都是人学。如果你的所学、所知不是一个枯萎的约定，而是一个活体时，就必然能见到种种解脱的风光，并能真正还给自己一片晶莹！反之，你所拥有的知识若令你的烦恼越来越多，那一定是学错了！

世间有很多事情不是废在了中途或结尾，而是由于见地不正，一开始就废了。人们由于对经典不熟稔，对文化理解得不究竟，导致对"学习"一词的认知并没有达到其应有的定义和价值，以至于似是而非，甚至智慧尽失。

加油

赛场上助威，逆境中不屈，奋斗时鼓劲，说一声"加油"，人们会顿觉力量倍增。

"加油"一词的历史并不长，约200年，是晚清才有的新名词。它的出现与张之洞的父亲张瑛有关。

张瑛，生于乾隆五十八年（1791），字右甫，一字春潭，直隶南皮人。少时勤奋攻读，知识广博，是嘉庆十八年（1813）的举人。

张瑛在贵州任职长达30年之久。他倾力育化人才，厚爱上进学子，不惜重金延聘名师到桅峰书院执教。他本人在听政之余，也常到书院与学生谈学论艺，并亲阅学生课卷，鼓励诸生无论在培养品德操行上，还是在钻研学业上，都应相互切磋砥砺，取长补短。

每到午夜子时交三更时分（注：一更为晚上戌时，二更为晚上亥时，三更为夜半子时，四更为凌晨丑时，五更为黎明寅时），张瑛都会派两个差役挑着桐油篓巡城，如果见哪户人家仍有人在挑灯夜读，便帮他添一勺灯油，并送上鼓励。这就是"加油"一词的由来。张瑛知道：一个在半夜子时还在刻苦学习的人，一定是个能自力更生的栋梁之苗，必须给予关怀、温暖和鼓励！

《易经》曰："积善之家，必有余庆。"其言不虚！一个善良敦厚又有福德的家庭，必然能够孕育出有才有德的子孙。张瑛不但培养了许多进士、贡生，还将自己的几个儿子培养成才，其中最有名的就是张之洞。他与曾国藩、左宗棠、李鸿章一同被誉为晚清"四大名臣"。同时，他也是著名学者，著有《张文襄公全集》行世，其《劝学篇》提出"中学为体、西学为用"的主张，名噪一时。

而张瑛的"加油"善行，也被广为传颂和引用，成为激励人心的高频用语。

花钱

现代人对"花钱"的意思，人尽皆知。但为什么会将消费钱财的行为称之为"花钱"呢？恐怕能回答者寥寥。

"花钱"本是一种钱币，又叫"厌（通'压'）胜钱"。"厌胜"意为用咒诅制服人物鬼怪。钱以"胜"命名，是因古人笃信钱币可以通神役鬼。"花钱"不是法定流通钱，而是古代的一种特殊钱币，主要是指民间自娱自乐的一种玩娱钱，是专供某种需要的辟邪品、吉利品、纪念品，其铸造形状、图案和文字花样繁复、寓意吉祥。

花钱始于周朝，战国晚期非常流行，至汉代已经固化。宋代由于道教的盛行，以弘扬道教、庇护生肖内容为主题的花钱空前发达。明清两代是花钱铸造和流传的鼎盛时代，这一时期花钱的内容几乎涉及社会生活的各个领域，南北各地官钱局和民间都在铸造。它的应用范围非常广泛，诸如开炉、镇库、馈赠、祝福、玩赏、戏作、配饰、生肖等都要铸花钱。

我国古代的花钱有官发钱、宗教钱、喜钱（祝福钱）、故事钱等多种，迄今荷兰鹿特丹的博物馆中还藏有战国时期贵族自造的用于祝福的喜钱。笔者在设计辽宁古刹（本溪）财神寺的 Logo 时，就借用了该图案元素，将其与菩提叶图形相组合完成了设计。

官发钱，顾名思义就是由朝廷铸造的花钱。朝廷往往在铸造流通货币时，会先铸造一批有纪念和祈福性质的花钱，用于占卜兴衰、祭祀天地。其中"崇宁重宝"花钱较为著名，其制作精美，雕刻细腻，市价也远远高于一般花钱，是藏家喜爱的藏品。

宗教钱，这类花钱常常和阴阳鬼神有关。古人十分迷信，惧鬼怕神，认为花钱可以辟邪，保佑平安，因此几乎每个大户人家都会收藏许多宗教钱用于祈祷和辟邪。

喜钱（祝福钱），就是用于祝福活动的花钱，比如用于婚嫁寿宴、添丁生子、开张升迁等，用来讨个好彩头，可以说是最具生活气息的花钱。在这类花钱上，常见的吉祥祝辞居多，比如长命富贵、招财进宝、吉祥如意、福寿双全，等等。

故事钱，就是在钱体上表达一个故事内容，大多是那种脍炙人口的故事，算是大众传播的一种载体，市井气息浓郁。

压岁钱也是一种花钱。清代史料记载："以彩绳穿钱，编作龙形，置于床脚，谓之压岁钱。尊长赐之小儿者，亦谓之压岁钱。"那时的压岁钱有一种镇岁、除邪、祈福、迎福的意义。民间还有用红绳穿百枚铜钱做压岁钱的，比喻长命百岁。

无论是祈福、祝愿，还是以易货为目的的支出消费，统统都用"花钱"来表述，这也逐渐成为人们最为熟悉的口头语。

滑稽

"滑稽"一词有四种释义：1.能言善辩，言辞流利，后指言语、动作或姿态诙谐，引人发笑；2.曲艺的一种，流行于上海和江浙一带，近似于北方的相声；3.形容圆转顺俗的态度；4.古代的流酒器，类似后代的酒过龙。

"滑稽"这个词最早出现于汉代司马迁的《史记·滑稽列传》。在书中，司马迁浓墨重彩地描绘了淳于髡这个人，称"淳于髡者，齐之赘婿也。长不满七尺，滑稽多辩"。《索隐》释："滑，乱也；稽，同也。言辩捷之人，言非若是，说是若非，言能乱异同也。"

淳于髡以博学多才、善于辩论著称，是战国时齐国稷下学宫中最具影响力的学者之一。稷下学宫被称为世界上最早的官办高等学府。淳于髡长期活跃于齐国的政治和学术领域，对齐国新兴封建制度的巩固和发展，对齐国的振兴与强盛，对齐威王、齐宣王之际稷下之学的发展，作出了重要贡献。

淳于髡是齐国的一位入赘女婿，身高不足七尺，为人滑稽，能言善辩，屡次出使诸侯国，从未受过屈辱。齐威王在位时喜好说谜语，彻夜陶醉于酒宴，不理政事，将国事委托卿大夫，文武百官也荒淫放纵，各国都来侵犯，国家危在旦夕，身边近臣不敢进谏。淳于髡用隐语劝谏说："国中有大鸟，落在大王庭院里，三年不飞又不叫，大王猜这是什么鸟？"齐威王说："这只鸟不飞则已，一飞就直冲云霄；不鸣则已，一鸣惊人。"于是诏令全国七十二县长官来朝奏事，奖赏一人，诛杀一人；又发兵御敌，诸侯十分惊恐，把侵占的土地都归还齐国。齐国的声威竟维持三十六年。这是成语"一鸣惊人"的由来。

成语"曲突徙薪"也与淳于髡有关。这个成语原指把烟囱改建成弯的，把灶旁的柴草搬走，比喻对可能发生的事故防患于未然，消除产生事故的因素。

"淳于髡至邻家，见其灶突之直而积薪在傍，谓曰：'此且有火，使为曲突而徙薪。'邻家不听，后果焚其屋，邻家救火，乃灭。烹羊具酒谢救火者，不肯呼髡。智士讥之曰'曲突徙薪无恩泽，燋头烂额为上客'，盖伤其贱本而贵末也。"（《艺文类聚》卷八十引汉代桓谭《新论》）故事是说，淳于髡到邻居家，看见他家的灶是直烟囱，旁边有存放的柴火，即对邻居说这可能会失火，要把烟囱改成弯的，把柴火从灶旁搬开。邻居不听。其后邻家果然失火，在邻居共同救助下才灭了火。邻家于是杀羊置酒，感谢救火的邻人，但不请淳于髡。有智者嘲笑说，让人把直烟囱改为弯烟囱、搬远柴火的人无功，反倒是焦头烂额救火的人成为座上宾，这就是贱本贵末吧。

"曲突徙薪"的故事为历代传颂，《淮南子》说："良医者，常治无病之病，故无病；圣人者，常治无患之患，故无患也。夫至巧不用剑，善闭者不用关楗，淳于髡之告失火者，此其类。"

关于淳于髡的巧言善辩，还有一则故事。齐威王八年（前

371），楚国派大军侵齐。齐王派淳于髡出使赵国求援，让他携带礼物和黄金百斤，以及马车十辆。淳于髡仰天大笑，将系帽的带子都笑断了。齐威王说："先生是否嫌礼太少？"淳于髡说："怎敢嫌少！"威王说："那你大笑，难道有什么说辞吗？"淳于髡说："今天我从东边来时，看到路旁有个祈祷田神的人，拿着一个猪蹄、一杯酒，却祈祷说：'高地上收获的谷物盛满篝笼，低田里收获的庄稼装满车辆；五谷繁茂丰熟，米粮堆积满仓。'我看他拿的祭品很少，而祈求的东西太多，所以笑他。"齐威王明白了他的隐喻之义，于是就把礼物增加到黄金千镒、白璧十对、马车百辆。淳于髡告辞，立刻出行，来到赵国。赵王拨给他十万精兵，一千辆包有皮革的战车。楚国听到这个消息，连夜退兵。

荒唐

"荒唐"一词如今有多种释义，主要有"广大而不着边际"之义，引申为夸大不实或荒谬无理，放荡，慌张，言行乖谬，不合礼法，荒诞，谓思想、言行不符合常理人情，使人感到离奇，落空，无着落，等等。该词最早见于《庄子·天下》："以谬悠之说，荒唐之言，无端崖之辞，时恣纵而不傥，不以觭见之也。"（成玄英疏：荒唐，广大也。郭庆藩集释：荒唐，广大无域畔者也。）

荒，本义是指田地生草，无人耕种。唐，不是与朝代有关，而是与佛经有关。有"唐捐"一词，出自《法华经·观世音菩萨普门品》，主要是指落空、虚耗、虚掷，白话的意思就是泡汤了、白费了；"唐"字在这里意为白白的、徒然的。成语"功不唐捐"意思就是世界上的所有功德与努力，都是不会白白付出的，必然是有回报的。一个人的努力，在看不见想不到的时候，在看不见想不到的地方，会生根发芽、开花结果。

从现有史料来看，至少在唐代，"荒唐"这个词就已经普及了，在韩愈、杜牧等人的诗作中均有体现，如"神仙有无何渺茫，桃源之说诚荒唐"。（韩愈《桃源图》）"魏帝缝囊真戏剧，苻坚投箠更荒唐。"（杜牧《西江怀古》）"汉帝荒唐不解忧，大夸田猎废农收。"（胡曾《咏史诗·射熊馆》）

后世亦有"蔗境渐佳惟习静，笔床茶灶并荒唐"。（宋代方岳《山中》）"荒唐之帝千余秋，不忍言之赤子愁。"（明代王廷相《王肃敏公集》）"晚风前个个说荒唐，田家乐。云淡风高，送鸿雁一声凄楚。"（清代郑燮《郑板桥集》）

与"荒唐"谐音的是"黄汤"，这个词在古代更为出名。

在中医中，排泄物入药有着悠久的历史，最有名的就是"黄汤"。据《山海经·北山经》载，早在距今4000多年前的大禹治水时代，长江下游沿岸就有食河豚的习惯，但河豚剧毒，《本草拾遗》载此毒"入口烂舌，入腹烂肠""食之丧命"。宋代江少虞《宋朝事实类苑》卷六一《鱼》亦载："河豚鱼有大毒，肝与卵，人食之必死。每至暮春，柳花飞坠，此鱼大肥。江淮人以为时珍，更相赠遗，脔其肉，杂芦蒿荻芽，瀹而为羹。或不甚熟，亦能害人，岁有被毒而死者，南人嗜之不已。"为什么明知有毒甚至能毒死人还要吃呢？原因当然是有解药——对于如何解河豚之毒，汉代医圣张仲景《金匮要略》载："芦根煮汁，服之即解。"明代吕毖《明宫史》谈及皇家旧例时，载："食河豚，饮芦芽汤以解热。"但如果中毒严重，则芦芽汤也无效，必须服用唐代药王孙思邈给出的偏方才可以："凡中其毒，以芦根汁和蓝靛饮之，陈粪清亦可。""陈粪清"就是陈年粪便泡水搅混后沉淀下来的黄色粪汤，简称"黄汤"。看完是不是觉得很恶心？可就是这最香的与最臭的混在一起，大阴配大阳，才称得上是绝配。

据明代《五杂俎·食河豚者》载：一人欲去友人家吃河豚，妻子担心："万一中毒，奈何？"丈夫说："假不幸中毒，便用粪汁及溺吐之，何害？"结果到了朋友家，朋友遗憾地说，未能买到河豚，但是相见亦欢，宾主把酒言欢。其人夜晚大醉回家后，突然两眼发直，问话不语，妻子一想，完了，中河豚毒矣！赶紧给丈夫灌了一肚子黄汤。哈哈，读来真是令人忍俊不禁。

时　尚

什么是时尚？

时尚离不开时间，时尚就是一段时间内流行的现象。它通常指在某个时空节点，人们对某些事物的崇尚与追慕。

时尚一词由来已久。明代嘉靖年间的书法家丰坊在其《书诀》中便写道："永、宣之后，人趋时尚，于是效宋仲温、宋昌裔……王履吉者，靡然成风。"可见，时尚就是流行之物。可对于"流行"一词而言，"流"的是什么"行"呢？答案就是流动的五行！其所对应的势能，就是一时的鲜亮之所在（"流行"一词前文有解）。

明清开始，文献引用此词颇多。如，清代文康《儿女英雄传》第二十八回载："原来安老爷自从读《左传》的时候，便觉得时尚风气不古。"清代查继佐《东山国语》粤语三（查东山散笔、沈墨庵补述）："庚寅冬，大军复入广，（邝）湛若幅巾缟衣，抱琴步归，中途遇敌，怪其不遵时尚，襂其衣巾尽，至裸体，仍护琴，甚雨中不去。"

需要注意的是，无论是时尚，还是流行，都代表一种潮流，但未必全都是有益的。比如金代王若虚在其《滹南遗老集》中便说："退之论时尚之弊云，'每为文，得意人必怪之，至应事俗作下笔自惭者，人反以为好。'"强调的就是人们所追慕的社会弊端。

清代著名医家徐大椿在其《医学源流论·卷下·治病必考其验否论》中说："今之医者，事事反此，惟记方数首，择时尚之药数种，不论何病何症，总以此塞责。"这里的"时尚之药"，指的就是当时人们所崇尚的方药。徐大椿却很鲜明地反对不经具体辨证就妄用时尚之药的做法。

看来，时尚之物未必全都有益，如同时下所流行的"破洞"衣服一样，虽然看起来很时尚，殊不知，"有物有则"（《诗经》），这类服饰都暗含感情不堪、事情不牢、诸务耗泄的势能隐患。

谈天

你会"谈天"吗?

应该不会。

因为,如今这天底下真会"谈天"的人,寥寥无几!

那么,究竟什么是"谈天"呢?

《易·系辞》曰:"天垂象,见吉凶,圣人象之。"是说,天空中日月星辰运行的变化,能示人以吉凶,圣人仿效它来作六十四卦,以揭示人间祸福吉凶的踪迹。"谈天"一词,就是在这个背景下产生的——它是指人们通过观测天象,依据星宿变量来讨论天象变化及其所对应的人事与社会动态规律。

最常见的"谈天",就是"观象授时"视野下的时间交流——人们通过仰观天象、俯察日影等方法,了解时间与气候,以应对农事、生计、政治、人事等社会生活内容。实际上,这本身就是先见之明的功夫!

春秋时期宋景公与司星子韦之间"景公谦德,荧惑退行"的故事,便是范例之一。

据《吕氏春秋》《史记·宋世家》等文献记载,在2400年前的宋景公时期,有一次,火星在心宿附近迟迟不走。依星象而言,这种现象不利于国君,而心宿是宋国的分野,有国君当亡之兆。宋景公心中忧愁,遂问掌管星象的官员子韦该如何应对。子韦回答:"可以把它转嫁给宰相。"景公说:"宰相是我任命治理国家的人,我现在却把死亡转嫁给他,这样不吉祥。"子韦又说:"可以转嫁给百姓。"

景公说："百姓如果都快死光了，那我还做谁的国君呢？真是这样的话，还不如让我一个人去死。"子韦又说："可以转嫁到收成上。"景公说："庄稼没有收成，百姓就会饥饿死去。做君主的要杀他的百姓来求得自己活下去，以后还有谁肯将我当作君主呢？看来，这是我的寿命已经到头了啊，不用再说了。"闻听此言，子韦忙向景公叩拜，说："天高听卑。国君，您的这番君人之言，星象也会受到感召而移动。"景公问道："你怎么知道呢？"子韦回答："国君，您说了三句君主应有的担当之言，火星肯定会移动三次。"于是，当晚观察星象，火星果然移动了三次，离开了心宿，一切皆如子韦所言，宋景公后来也果真平安无事！

宋景公这个谦德之举，为其赢得了传世美誉，就连北宋王安石都赞叹道："仰窥谦德，志在闵民。"（《乞皇帝御正殿复常膳表》）

史料所载类似案例还有很多。

我们从上述记载可以发现：古代的帝王将相精通天文者还真不少。南宋第四位皇帝宋宁宗赵扩在其还是皇太子时，就师从黄裳学习天文历法等学问。而这位老师为使皇太子能更好地领会所学，便绘制了八幅天文、地理图。其中有一幅星图，观测年代在北宋元丰年间（1078—1085），刻制年代在公元1247年。这份由南宋绘制的星图，后来被浙江永嘉人王致远刻在了石碑上，并保存在苏州文庙中——这个苏州石刻天文图，是如今世界上现存最古老的根据实测绘制的全天石刻星图！

自古观测星象，有一要则：以变观变，观变不观常，且"星大者事大，行迟者期远"。（《隋书·卷二十一·志第十六·天文下》）

古人就是依照这个规律来观星象应人事的。

对观星而言，白天要观测太阳在天空的轨迹与高度的变化，日食的过程（日全食、日偏食、日环食），流星、彗星、月亮以及火星、金星的早晚亮度等天文现象。但据文献所载，以夜晚观星居多。古人依据三垣、五星、七政、二十八星宿、行星及月亮等天体的不同运行轨迹，将天空分为十二宫（星座）、二十八宿等相对比较固定的区域，它们的星光总体变化不大。因而重点观测的就是流星、彗星、超新星爆发等异常天象的出现与消失的方向、持续的时间、路经的天象区域等参数，继而作出相应的解读。

如《淮南子·兵略训》载："武王伐纣，东面而迎岁……彗星出而授殷人其柄。"《史记·景帝本纪》载："三年正月乙巳，赦天下，长星出西方。"《汉书·文帝纪》载："（八年）有长星出于东方。"文中所载的长星，为古代星名，类似彗星，有长形光芒。古人认为，长星见之于不时，多主发生兵革之事，并记述了很多案例：

汉代邹阳《狱中上梁王书》："昔荆轲慕燕丹之义，白虹贯日，太子畏之。"燕太子丹厚养荆轲，让其刺秦王，行前已有天象显现，太子丹却畏其不去。《唐雎不辱使命》亦载："聂政之刺韩傀也，白虹贯日。""夫专诸之刺王僚也，彗星袭月。"由此便有了"白虹贯日"与"彗星袭月"的成语传世。

《三国志》载司马懿平叛公孙渊时，有流星坠地："八月丙寅夜，大流星长数十丈，从首山东北坠襄平城东南。壬午，渊众溃，与其子脩将数百骑突围东南走，大兵急击之，当流星所坠处，斩渊父子。"

另据《宋会要》卷五十二载："至和元年七月二十二日，守将作监致仕杨维德言：'伏睹客星出现，其星上微有光彩，黄色。'谨案《黄帝掌握占》云：'客星不犯毕，明盛者，主国有大贤。乞付史馆，容百官称贺，诏送史馆。'"又"嘉祐元年三月，司天监言'客星没，客去之兆也。'初，至和元年五月，晨出东方，守天关，昼见如太白，芒角四出，色赤白，凡见二十三日。"当时史官解释：出现如此明亮的客星，预示国家将会有大贤出现。而当时的宋仁宗时期，也确实出现了很多贤才，如章得象、晏殊、范仲淹、文彦博、庞籍、富弼、韩琦等，以及"北宋五子"（周敦颐、程颢、程颐、邵雍、张载）等。朝廷还命国史院修撰范祖禹和太常博士欧阳棐负责，为当时的贤人们作传——《裕陵实录》，此举更属难得。

在此需要说明的是，中国古代天文学的产生是中国文脉形成的前提。而中国文脉在其绵延发展过程中，经历了四个重要坐标时期：先秦子学、两汉经学、魏晋玄学、宋明理学。

其中，先秦子学是中国哲学和中国文化的开端，它奠定了中华民族思想的方向和民族文化的基础。众所周知的诸子百家，就是在这个时期出现的，如老子、孔子、孟子、庄子、管子、墨子、鬼谷子、尸子、晏子、孙子、邹子等，他们的思想结晶凝聚成中华民族的精神和智慧源泉。诸子们的智慧凝结，与齐桓公创办的"稷下学宫"和魏文侯发起的"西河之学"密切相关。这两大平台，是先秦诸子百家争鸣、百花齐放的思想超市。那些顺应时代发展而迸发出的智慧火花，辉光相照，凝为一炬，并薪火相传。

对当时稷下学宫的盛茂，南朝梁代的刘勰所著《文心雕龙》在

"时序第四十五"中是这样描述的:"齐开庄衢之第,楚广兰台之宫,孟轲宾馆,荀卿宰邑,故稷下扇其清风,兰陵郁其茂俗,邹子以谈天飞誉,驺奭以雕龙驰响,屈平联藻于日月,宋玉交彩于风云。"真是人才济济,百舸争流!

其中,"邹子以谈天飞誉"指的是稷下学宫的著名学者邹衍(亦作"驺衍"),因他"尽言天事",时人誉为"谈天衍",又称邹子。司马迁在《史记·孟子荀卿列传》中将他列于稷下诸子之首,称"驺衍之术,迂大而闳辩",《集解》曰:"驺衍之所言,五德终始,天地广大,尽言天事,故曰'谈天'。"

邹衍"谈天衍"的美号,源于其对天文历法、阴阳五行、吹律定气的精通。《列子·汤问》载有"虽师旷之清角,邹衍之吹律"之句,而汉代刘向《别录》更载有事实:"邹衍在燕,燕有谷,地美而寒,不生五谷。邹衍居之,吹律而温气至,而黍生,今名黍谷。"对此,唐代著名诗人李白还专门写有诗作《邹衍谷》:"燕谷无暖气,穷岩闭严阴。邹子一吹律,能回天地心。"元代李思衍《见王参政》诗有"黍律嘘春燕谷暖,梅花入梦楚天长"之句,如今这"黍谷先春"早已是北京密云的八景之一了。

那么,对冠誉邹衍的"谈天"一词,古人是如何定义的呢?

正如前文《集解》中所述:"驺衍之所言,五德终始,天地广大,尽言天事,故曰'谈天'。"也就是说,谈论天道变化规律之事,才是"谈天"。

而对"谈天"一词的使用,后世文献记载颇多,如:

《文心雕龙》"宗经第三"载:"夫《易》惟谈天,入神致用。故

《系》称旨远辞文，言中事隐。"此中阐明了易道的核心，就是揭示天道规律对人的重要影响。

唐代道宣律师《广弘明集》载："虽邹衍谈天之辩，庄周蜗角之论，未足以概其万一。"

宋代黄庭坚《博山台》载："棘围深锁武成宫，谈天进士雕虚空。"

宋代陆游《晨起》："客来但与饮，谈天有何好？"

宋代陈与义《简斋诗集》卷五载："谈天安用如邹子，扫地还应学赵州。"

清代吴趼人《二十年目睹之怪现状》载："制台道：'老兄的风骨，实在令人可敬！请上坐了，我们好谈天，将来叨教的地方还多呢。'"又"同他谈天，不过东拉拉，西拉拉罢了"。

清代李汝珍《镜花缘》第八十回载："妹子也学一个'席地谈天'，打《孟子》一句。""紫芝道：'你还是谈天，还是打谜？'题花道：'我天也要谈，谜也要打……'"

清代陆士谔《十尾龟》第三十五回载："好容易等他们谈天谈罢，才拿着洋钱回去。"

可见，"谈天"一词由来已久。早期还是谈天道之意，自唐代封禁了天文的普遍性学习之后，从宋代开始，"谈天"一词就逐渐下沉，最终成为"聊天"之意。清代翟灏《通俗编·卷一·天文》专门言及"谈天"，载《史记·孟子荀卿列传》之句："故齐人颂曰：天口骈，谈天衍，雕龙奭，炙毂过髡。"阐明"谈天"一词源自邹衍，然后又进一步作了解释："俗于间暇群居，高谈闳辩，概云谈天，原本于此。"老百姓在闲暇群居时的高谈阔论，统称为"谈天"。言外之意，至少在清代，"谈天"就彻底衍变成闲谈、闲聊、聊天的代名词了。

由于"谈""聊"二字字意相似，皆有"说"意，但"谈"更趋于正式，而"聊"则更轻松随意，因而人们便逐渐用"聊天"代替了"谈天"。清代许廑父《青楼宝鉴》载："善卿说声'不会'，继续坐着聊天。两个生意中人，聊了几句买卖上的事情，一聊就聊到了堂子、倌人上去，说得眉飞色舞，津津有味。"还有，清代佚名作家《杀子报》第七回载："他就在庙里坐着，与那个香火道人，或东或西，随意聊天。"如此等等，不一而足。其实，若仔细研究，早在宋人的视野里，"谈天"就已经有了"聊天"的语义。这些都是由于对天文学问的匮乏与矮化所致。

如今，"谈天"一词不及"聊天"使用频繁。而若从严格意义上来讲，"聊天"应与"谈天"一样，都具有了知天象的意思。

在现实中，"谈天"高手还真是代有人杰的。

元代的苏天爵于《元朝名臣事略》之《国朝名臣事略》记载了这么一件事："壬午夏五月，长星见西方，上以问公，公曰：'女真国当易主矣。'逾年而金主死。"这件事情是说，成吉思汗十七年（1222）夏五月，长星长时间出现于西方。这个星象对应的九州分野之地会死国君，成吉思汗认为，星象正好对应自己所在地域，当应在自身，于是便问群臣，无人做声；又问"治天下匠"耶律楚材，耶律楚材答道："分野之地有细微出入，对应的是我们对面的女真国（金国），预示其国主要换人了。"第二年，金国国主金宣宗果然死掉了，这令成吉思汗非常钦佩耶律楚材！从此以后，成吉思汗每次出征前，都让耶律楚材预判吉凶，而自己也用骨卜（烤羊胛）等方式占测。

耶律楚材对天文的精通，在当时几乎无人能出其右。例如，据西域主持历法的人奏报，本年五月十五日夜将有月食，但耶律楚材却断定该夜不会有月食，结果耶律楚材的判断十分准确。并且，耶律楚材说来年七月会有月食，但西域人却说没有，最后依然是耶律楚材所言精准。

还有一次，成吉思汗十四年（1219）六月，元太祖西讨回回国。出兵时正逢夏季，但万万没想到天下起了大雪，且积雪足足有三尺厚。太祖见此天象，迟疑不决。这时，耶律楚材进言道："阴暗的气象只有夏季才有，如今出现，便是克敌之兆。"结果皆如所言。

到了第二年冬天，雪同样也下得非常大，成吉思汗又问耶律楚材："此天象预示什么？"他答道："是回回国死国君。"结果呢？果然如此！

又如，成吉思汗十五年（1220）冬，太祖不解为什么冬天打雷，耶律楚材答道："回鹘王梭里檀将死。"不久，梭里檀果然死了。

……

从上述史料文献所载可知，成吉思汗与耶律楚材之间的对话，才是真正的"谈天"，是中国文化最高深玄妙的智慧之展现！

毛病

作为时下的高频用词，"毛病"这个词是怎么来的呢？

也许你很难想到，它竟然与马密切相关！

在古代，马在人们生活中占有很重要的地位，其功用犹如今日之车辆。因此，人们在购买、挑选马匹时，对马的要求就特别严格。于是，在这个基础上古代出现了不少相马的高手，比如家喻户晓的伯乐。

古人在相六畜时，首先要看其毛色如何，是否有缺陷，再据此判断其优劣。

唐代徐成在《王良百一歌》中就写有十篇"毛病"诗。如，《王良百一歌·毛病·一》："项上如生旋，有之不用夸。环缘不利长，所以号螣蛇。"又如，《王良百一歌·毛病·九》："毛病深知害，妨人在不占。大都如此类，无祸也宜嫌。"再如，《王良百一歌·毛病·十》："担耳驼鬃项，虽然毛病殊。更若兼鳌尾，有实不如无。"这里的毛病主要指的是马和牛，但后来的文献关于动物"毛病"的记载，主要指的是马。

如，宋代苏轼在其《续杂纂》中便写道："怕人知，卖马有毛病。"最怕所卖的马被人知道有"毛病"。而明代陆楫《古今说海》载："卖马有毛病，去亲戚家避罪。"卖出去的马，毛有疾病，卖马的人心里不安而去亲属家躲祸患。

对于马的"毛病"，明代徐咸在《相马经》中是这样写的："马旋毛者，善旋五，恶旋十四，所谓'毛病'，最为害者也。"卷曲的马毛有好有坏，但就马的毛旋而言，有五种好旋，十四种恶旋，而人们所说的"毛病"，是指马毛因病出现问题，这是对主人妨害最大的地方。明代的徐光启也在其《农政全书》中的"相马毛旋歌括云"记载："毛病深知害，妨人不在占，大都知此类，无祸也宜嫌。檐耳骈鬃项，虽然毛病殊，若然兼豹尾，有实不知无。"可见，马毛之病对马而言是个大问题。于是，就出现了很多识别马毛疾病的高手，如清代袁枚《新齐谐·来文端公前身是伯乐》记载："每值挑马，百十为群，瞥眼一过，其毛病纤悉无不一一指出。"这个相马的高手，在百十匹的马群中，稍微瞥一眼就能把马毛存在的细微问题一一指出，很是厉害！

因为马与人们的生活息息相关，人们对马也非常熟悉，于是"毛病"一词在唐代开始便广为人知，至少在宋代便开始包含人、物或行事的缺点、问题和弊端（也包括疾病）的意思。如，"这车哪里都好，就是发动机经常有点儿小毛病"。

"毛病"作为流行词语，文献中的相关记载也比比皆是：

宋代黄庭坚《山谷老人刀笔》载："乃是荆南人毛病。"

宋代朱熹《朱子语类》卷一百三十一："有才者又有些毛病，然亦上面人不能驾驭他。"

明代施耐庵《水浒传》第三十二回："这个兄弟诸般都肯向前，只是有这些毛病。"

明代汤显祖《邯郸记·招贤》："但此弟长有一点妒心，也是他平生毛病。"

清代《石田法薰禅师语录》："兄弟做工夫，有两般毛病。"

清代《了庵清欲禅师语录》："与么则禅和子吃了，佛病、法病、一切毛病去尽，各各做个脱洒衲僧。"

清代聂先《续指月录》："邪正既不辩，展转成毛病。"

清代超永《五灯全书》："不是文殊亲勘破，者些毛病有谁知？"

清代龙绘堂《蠢子医》："病若好时莫妄动，一妄动时生毛病。""一见左部有毛病，即从此处去解救。""然治病已久，知目疾却有五种毛病。"

清代钱德苍《缀白裘》："个星大官相公都晓得我个毛病，缠弗不个铜钱银子……"

近代释印光《印光法师文钞三编》："不但无别毛病，而且身体强健，精神充足。"

清代李渔《奈何天·虑婚》："身上的五官四肢没有一件不带些毛病。"

清代省三子《跻春台》："帮人有个大毛病，背主懒惰当主勤。"

清末刘鹗《老残游记》第十八回："本不知道里头有砒霜，因疑心月饼里有毛病，所以揭开来细看。"

清代儒林医隐《医界镜》："因而饮食停滞，遇事则懒惰因循，种种毛病，亦每从此生出来……"

鲁迅《花边文学·安贫乐道法》："毛病是要别人医的。"

…………

除了以上语义之外，时至今日，"毛病"一词的词义也有了更多元的泛化，对那些荒诞不经、不可理喻、唐突的行为，人们也往往用"毛病"一词来形容。比如，"这人真有毛病，打扮得这样怪异还在街上大摇大摆地走着"，"进门连个招呼都不打，吓我一跳，你有毛病呀"？

寻欢

"欢"，在古代约有如下几种含义：

其一，《说文解字》载："欢，喜乐也。"这个含义最为人所熟知。

其二，古代男子对情人的称呼。如，唐代刘禹锡《踏歌词》："唱尽新词欢不见，红霞映树鹧鸪鸣。"古乐府《莫愁乐》："闻欢下扬州，相送楚山头。"

其三，欢爱，指男女之事。由这个"欢"义所衍生的相应词语有很多，"寻欢"就是指寻找两性情感上的欢乐，且范围无限，但多指狎妓饮酒之类。例如，宋代周邦彦《红罗袄·大石秋悲》词中有："画烛寻欢去，羸马载愁归。"元代张翥《蜕岩词》："旧约寻欢，新声换谱，三生梦里可怜宵。"清代周竹安《载阳堂意外缘》："这里尤氏、玉坛、悦来三人促膝谈心，如鱼得水，似漆投胶，果有一日三秋的光景。从此三人安安稳稳，朝夜寻欢。"清代孙桱《余墨偶谈》："风月寻欢有醉乡，又逢甘雨润群芳。千金掷去春无价，片羽分来喜欲狂。"

以上所载"寻欢"，皆为欢淫之向——与追求超越欢淫之外，扩大到一切可以让自己产生快乐行为的"寻欢"之义有别。

汉代焦赣《焦氏易林》曰："酒为欢伯，除忧来乐。"其中的"欢伯"，指的是酒。魏晋时期的李俊明在其《满江红·咏雪》中写道："君不见，过门多恶客，等闲踏破琼瑶迹，便粗豪，下马坐人床，寻欢伯。"宋代陈允平《定风波》："慵拂妆台懒画眉，此情惟有落花知。流水悠悠春脉脉，闲倚绣屏，犹自立多时。有约莫教莺解语，多愁却妒燕于飞。一笑蔷薇孤旧约，载酒寻欢，因甚懒支持。"在此基础上，衍生出了"把酒寻欢"一词。

古代将寻欢的场所称为"欢门"或"欢场"，"酒谓不可与饮者，为欢场之害马"。（唐代皇甫松《醉乡日月》）"潦倒欢场二十年，多为微辞猜宋玉。"（明代王彦泓《疑雨集》）"风月襟怀，图取欢来，欢场中尽有安排。"（明代凌蒙初《二刻拍案惊奇》）"跌宕欢场，寄情风月。"（清代钱德苍《缀白裘》）即是此类场所。

宋时流行的正店之中多有"欢门"。正店，就是酒店，也称酒肆。在国宝级文物《清明上河图》中，最为显耀之处就是名为正店的一座大型楼阁。将其所在局部放大十倍以上，就可看到正店的正门面临大街，二三层楼，楼上为阁子，底层为散铺，门口人头攒动，宾客簇拥排队，门里则觥筹交错，场景十分热闹。

宋代孟元老《东京梦华录》卷二载："凡京师酒店门首，皆缚彩楼欢门。"是说，宋代酒店皆用彩色纸帛装饰楼体与门窗，以招徕顾客，并谓之"欢门"。而"欢门"之内就是"庵酒店，谓有娼妓在内，可以就欢"。（宋代耐得翁《都城纪胜》）对此，宋代吴自牧《梦粱录》之"酒肆"记载得最为详细："店门首彩画欢门，设红绿杈子，绯绿帘幕，贴金红纱栀子灯，装饰厅院廊庑，花木森茂，酒座潇洒。但此店入其门，一直主廊，约一二十步，分南北两廊，皆济楚阁儿，稳便坐席，向晚灯烛荧煌，上下相照，浓妆妓女数十，聚于主廊面上，以待酒客呼唤。"

时至如今，正店之名已经消逝，但是其传统却没有消失。远在彼岸的日本，在唐宋时期大量汲取中国文化并学以致用。迄今为止，其风俗业场所仍然承继了"欢门"的色彩传统，多以粉色为主色进行彩饰。

与"寻欢"语义类似的词语，有"追欢、交欢、求欢、合欢"等，于文学作品中大量可见：

"醒时同交欢，醉后各分散。"（李白《月下独酌》）

"往岁追欢地，寒窗梦不成。"（苏轼《去岁与子野游逍遥堂》）

"遇良辰，当美景，追欢买笑。"（柳永《传花枝》）

"推开房门，只见王矮虎正搂住那妇人求欢。"（施耐庵《水浒传》）

…………

这里多说一句"合欢"。古人做事，喜得美意，如宋代吴曾《能改斋漫录》"百合治病"条例记载，宋代《本草图经》中的"百合"一条，引用汉代医圣张仲景之语："治病有百合知母汤、百合滑石代赭汤、百合鸡子汤、百合地黄汤，凡四方，并名百合。而用百合治之，不识其义。"很多人都不懂，为什么每一个方子都要使用"百合"的名字。北宋王洙（字原叔）在其《内翰》中给出了解答："医药治病，或以意类取。至如百合治病，似取其名；呕血用胭脂红花，似取其色；淋沥滞结，则以灯心、木通，似取其类。意类相假，变化感通，不可不知其旨也。"这就是中国哲学同声相应、同气相求、取类比象、物物相应的"天人相应"思维，这也是对古人所强调的"医易同源"的践行。因此，类似于"百合""如意""合欢"等美名，广被借用。就"合欢"而言，还有树名，晋代《崔豹·古今注》载："合欢树似梧桐，枝叶繁，互相交结，树之阶庭，使人不忿。"还有竹名，南宋僧赞宁《笋谱》载："双稍竹出九疑山，笋长，独茎。及生枝叶即分为两梢，谓之合欢竹。"还有桔名，明代陆应旸《广舆记》载："荆州江陵有合欢桔。"

有了合欢，就有了合欢襦、合欢带、合欢扇、合欢被、合欢床、合欢帐、合欢枕、合欢杯、合欢楼等用品和建筑。

汉代班固《西部赋》载："后宫则有掖庭、椒房，后妃之室。合欢、增成。"这里的"合欢"，指的是汉代建造的宫殿——合欢殿。

此外还有：

"长裾连理带，广袖合欢襦。"（汉代辛延年《羽林郎》）

"裁为合欢扇，团团似明月。"（汉代班婕妤《怨歌行》）

"文彩双鸳鸯，裁为合欢被。著以长相思，缘以结不解。"（汉代《古诗十九首》）

"合欢芳树连理枝，荆王神女乍相随。"（隋代辛德源《东飞伯劳歌》）

"楼上残灯伴晓霜，独眠人起合欢床。相思一夜知多少，地角天涯不是长。"（唐代张仲素《燕子楼》）

祝福

"祝福"一词，使用非常高频，泛指希望某人诸务迎祥之意。

如此美好的"祝福"一词究竟是怎么来的呢?

"祝"，通"咒"。在甲骨文的字形中，"祝"字像一个人跪在神前礼拜、开口祈祷。其本义为男巫（古称"觋"），《说文·示部》："祝，祭主赞词者。"（王逸注："男巫曰祝。"郑玄注："祝，接神者也。"）可见，"祝"者，即是男巫，是祭祀时负责主持祝告者，主要职能是负责迎神。《周礼·夏官》还将"祝"分为大祝、小祝、丧祝、甸祝、诅祝；而对应的人群与文词又分为祝人（掌祭祀者）、巫祝（女巫的师公）、祝伯（掌宗庙祭祀之官）、祝官（掌管祭祀祝祷等事宜之官）、祝赞（即祝辞，祷告鬼神之文）等。此外，"祝"还对应有专门的器物——"祝器"，在祭天时尤受重视。如，北京天坛历代祭祀时均有使用祝器的记载，迄今仍有祝器展品。

而"福"的本义，则是指祭祀用过的酒肉等祭品。每次祭祀完毕，主祀者都会把酒肉等祭品分赐给相关人员，代表蒙受祖先的庇佑。当然，也有的祭祀没有祭品分赠，而是用语言来表达祝福，比如长春的地名源自满语"茶啊冲"，它是满族人在祭天时说的祈福语言，如同汉人说的"上天保佑、国泰民安、风调雨顺、五谷丰登、人民兴旺"等。古人将这些情形称为"赐福"；而如何"赐福"，又包含了纷杂的社会关系。因而，"福"也包含着一个人在社会或家族中的地位、身份、奉养和威望程度等。

"祝""福"二字连用，至少在宋代就已出现。如:

宋代佚名《贺新郎·喜动神仙屋》载："看一点，老人照耀，牛女莱庭祝福。"

宋代蔡渊曰："甲子难周日与时，不句全阙是圆机。只将八字纵横看，祝福无差妙太虚。"（《赠谈命余圆机》）

后来，该词的使用就越来越频繁。

明代王阳明的恩师湛若水亦写道："吾闻古之祝福寿者，如日之升，如川之流，是廷宝以之。"（《甘泉先生续编大全》）

明代郑晓《今言》载："定巡抚杨守谦，统副总兵朱揖，参将祝福兵驻东直门外。"

明代徐弘祖《徐霞客游记》载："二十六日，舟人登市神福祀神，祝福，早餐后行。"

明代郎锳《七修类稿》载："幼契玄理，预知祝福，在室三十年。"

清代何恭弟《苗宫夜合花》载："为求佛祝福之心。"

清代曾朴《孽海花》云："人所托命，敢致一觖，为中国前途祝福，为中堂及二公祝福！"

清代张燕昌《鸳鸯湖棹歌》云："槐花落尽桂花开，人向南宫祝福回。"

清代柯劭忞《新元史》载："乡民为自守计，当晓以祝福。"

清代徐珂《清稗类钞》载："每饮酒，必为君祝福。"

…………

清代以后，"祝福"一词就成了一个高频用词——祝愿他人有福气！这种普世的心愿也成为全社会的向往，并深入人心，形式缤纷。

做东

"做东"一词从古至今，沿袭许久。那么，古人请客吃饭时，为何要说"做东"，而不说"做南、做北或做西"呢？

这与中国古代的文化背景有着密切关系。

在中国古代礼仪文化中，"东"为贵，因此古代太子居于"东宫"。中国古代绝大多数建筑都遵循《易经》"圣人南面听天下，向明而治"的原则，多以坐北朝南为主，而厅堂原则上则是在房子的正中间，其次是明堂在南。左右两侧则依据天文学二十八星宿中的"四神法则"来建造——东为青龙，五行属木；西为白虎，五行属金。具体在建筑实践上，则依据"宁让青龙高万丈，不让白虎压一头"的原则，青龙方位的建筑一定要高于或长于白虎方位的建筑（在具体实践中，哪怕是一寸亦可），强调青龙位置具有的重要平衡势能，以及青龙位置的主动权，起到让事情平衡顺利的效果。

于是，在这种文化观念的影响下，人们通常在客厅朝南的位置上摆放两张椅子，一张朝西，一张朝东。待客人进门后，主人先要让客人坐在客厅西位上，然后自己再坐在东位上。这就是主人请客被称为"做东"的来历，重点强调的是自身地位的分量。时至今日，称老板为"东家"、称收房租者为"房东"等用语之来源，皆由"做东"而出。

汉代司马迁《史记·项羽本纪》所载的"鸿门宴"中，便是"项王项伯东而坐，亚父南向坐，沛公北向坐，张良西向侍"。从中便可看出，刘邦在当时的地位还是比较低下的。

《礼记》所载"主人就东阶，客人就西阶"的文化背景，是与古代的"四神"观念息息相关的——与二十八星宿遥相呼应的"四神"，就是人们耳熟能详的青龙、白虎、朱雀、玄武。它们在先秦时期已得到广泛应用。比如，在建筑（瓦当）、中医（方剂）、器物、兵法战策、地理方位选择等方面均有体现。中医里有四神汤、青龙汤、白虎汤。兵法中，将"四神"作为阵法来应用，如"无当天灶，无当龙头。天灶者，大谷之口；龙头者，大山之端。必左青龙，右白虎，前朱雀，后玄武"。（吴起《吴子兵法·治兵》）还有"角声应管，当以白虎；徵声应管，当以玄武；商声应管，当以朱雀；羽声应管，当以勾陈。五管声尽，不应者，宫也，当以青龙以五行之符，佐胜之征，成败之机"。（姜尚《六韬·龙韬·五音》）。《礼记·曲礼上》曰"行，前朱鸟（雀）而后玄武，左青龙而右白虎，招摇在上"，等等。清代《阳宅十书》还载："凡宅左有流水，谓之青龙；右有长道，谓之白虎；前有汗池，谓之朱雀；后有丘陵，谓之玄武，为最贵地。"

值得一提的是，在坐北向南的房子里，坐在东边是"做东"，但由于在对应二十八星宿的"四神"观念中，"四神"是随着时令的变化而呈现螺旋形变化的，所以，在"四神"中并未明确确定青龙代表固定的东方方位，而是按照常规二十八星宿静态图像所传承下来的理念——在春季观看"四神"时，青龙在东方（其势能归类为木性），朱雀在南方（其势能归类为火性），白虎在西方（其势能归类为金性），玄武在北方（其势能归类为水性）。人们按照此格局做了描述，将"四神"方向之初始描述固化为五行属性所对应的方向。

但在实际应用中，正确的称谓应为：左青龙，右白虎，前朱雀，后玄武。人们常说的"物物一太极"就是这个道理，都是对"法无定法、应机为上"的践行。

如今，"做东"一词已成为高频用词，广为流行。人们把请客出钱的人习惯性地称为"做东"，该词已经到了耳熟能详的地步。

嘚瑟

"嘚瑟"一词，发端于"德色"。

"德色"之词义，其源头可追溯自殷商时期。当时，人们将五行对应的四季颜色称为"德色"。具体是指：春天五行属木，为青色；夏天五行属火，为赤色；秋天五行属金，为白色；冬天五行属水，为黑色；每个季末的最后十八天对应土色，为黄色。这些在对应季节出现的时令之色，就是"德色"。战国时期，被誉为"诸子之首"的邹衍亦曰："五德从所不胜，虞土、夏木、殷金、周火。"（《文选》李善注引）

中国文化中的这种五德及其对应"德色"的观念被广泛运用于百姓日用之中，并涵盖政治、中医、服饰、建筑、军事等范畴。

相关文献对"德色"内容记载颇多。

如，汉代司马迁《史记·秦始皇本纪》载："方今水德之始，改年始，朝贺皆自十月朔，衣服旄旌节旗皆上黑。""今皇帝并有天下，别黑白而定一尊。"当时的朝廷崇尚水，对应黑色，故秦代服色以黑为尊，龙袍亦黑。

南朝梁代慧皎《高僧传》载："所谓天中，于五行土德色尚黄。"

宋代王应麟《三字经》载："青赤黄，及黑白，此五色，目所识。"

宋代杜范《承见再和用韵》载："丛芳德色惊人句，影下重吟驻夕阳。"

明朝对应火德，其色为红，因此我们会看到明代画像中的朱元璋、董其昌等人的服饰，红色都特别鲜明、宏大。这些皆为呼应其朝代德色的表征。

后来，人们渐渐将这种得时运之力的"德色"比喻为待人有恩德而流露出来的神色，即古书《神相全编》所载："得志峥嵘民德色。德色，骄矜之念。"明确说"德色"是骄傲而有自满之色。

该词的应用，见诸其他文献的有：

《汉书·贾谊传》："故秦人家富子壮则出分，家贫子壮则出赘。借父耰锄，虑有德色。"唐代颜师古注："言以耰及锄借与其父，而容色自矜为恩德也。"

《旧五代史·晋书·沉赟传》："侍中父子误计，忍以蝟幕之众，残害父母之邦，不自羞惭，反有德色。"

元代袁桷《煮茶图》："一官远去长安门，德色欣欣对妻子。"

元代胡长孺《题秋江唤渡》："裹头长须甚德色，肩轻不借有余力。"

明代释澹归《遍行堂集》："亦未尝有纤毫德色见于容止。"

明代孙承恩《文简集》："彼受之，无德色。"

清代钱谦益《牧斋初学集》："终其身，未尝有德色于诸弟也。"

清代仇兆鳌《杜诗详注》："谈笑而有精理，此得之于学问者，寸长一诺，能好善而无德色矣。"

清代珠泉居士《续板桥杂记·轶事》："妪积久无倦容，亦无德色。"

清代魏象枢《寒松堂全集》载："族党有贫乏者，解衣推食，往往无德色。然亦不滥施予，人咸德之，无过望者。捻知勤俭家风，盖如此。"

近代印光大师《印光法师文钞三编》卷三载："必须恭敬至诚，不可傲慢于人，亦不可有德色于人之气象。"

清代况周颐《眉庐丛话》载："故人乐为用，性好施予，无倦容，无德色。"

清代黄凯钧《友渔斋医话》："后皆知先生所为，纠而还之，终无德色。"

清代徐珂《清稗类钞》载："客有知其贫，以厚币请者。微察其有德色，遽还之。"

郭沫若《〈侈靡篇〉的研究·关于军事和国防上的见解》："帮助了别人不要居功，不要有德色。"

……

随着"德色"的流行，加之古语中"德"与"得"相通（清代段玉裁《说文解字注》：唐人贯修禅师诗曰："千水千山得得来。"其中的"得"即"德"也），逐渐地，人们将"德色"亦称"得色"，亦为得意、走运、骄矜之意。

唐代李肇《唐国史补》卷中载："及入门，有得色。"

《资治通鉴》卷一七六《隋纪一·文帝开皇九年》："帝之责陈君臣也，陈叔文独欣然有得色。"胡三省注："得色，自得其意而形于色。"

宋代陆游《老学庵笔记》卷五："帅为发怒赧面，而通判欣然有得色。"你看，这个通判所洋溢着的得意气息已经跃然纸上。

"德色"与"得色"互通使用，至少在宋代已经流行。如《资治通鉴》卷第二百一十七胡三省注："杨国忠扬扬有德色，蜀本作'得色'。"而宋代蔡绦《铁围山丛谈》亦载："亲客来贺。公略无德色，吴本作'得色'。"

后来，这种互通使用的情形自然而然地延续了下来。如，明代黄淳耀《陶庵全集》载："终其身，无倦容，无德色，非诚与才合者能之乎？"又"小有利钝，不加谯呵眉声，登贤书亦无得色，曰：'吾所喜者，在此不在彼也。'"文中可见"德色"与"得色"的互通使用。

及至清代，满人统治天下，导致北方语系大量融入汉语当中，某些字句的读音便产生了差异。如，在北方方言中，人们普遍将"人"读成"银"音，将"肉"读成"右"音，将"干啥"读成"干哈"音……不知何时起，"德色""得色"就读成了"嘚瑟"——就像"忘八端"读成了"王八蛋"，"打破沙锅纹到底"读成了"打破砂锅问到底"，"三个臭裨将赛过诸葛亮"读成了"三个臭皮匠赛过诸葛亮"一样。这些都是因为中国幅员太辽阔、"十里不同音"所致。

由"德色""得色"到"嘚瑟"，这种语音与文字的演变导致词义在"因得意而向人显摆、炫耀之意"的基础上，其贬义色彩也更加浓郁了——不仅有讥讽和诋毁的味道，也包含得意忘形、过分招摇、胡作非为之意。如，"才刚刚开始有点名气，就开始嘚瑟，不知道自己是谁了"。"当个官没当多久就开始嘚瑟，这不，刚巧就撞枪口上了，被顶风查办了。""这么冷的天，穿这么少就出来了，你是真能嘚瑟呀！""赚的那点儿工资钱，没几天就全嘚瑟光了，衣服兜比脸都干净！"（这种"嘚瑟"，北方又称为"穷嘚瑟"，比喻不自量力的行为。）

此外，"嘚瑟"偶尔也包含调侃意味。如，"今天的演出，嘚瑟得还不错"。这里的"嘚瑟"指的是表现很好，甚至有超常发挥之意。不过，熟悉的人这样讲话才可以，若是关系平平甚至性格不合者，如此调侃容易引发不愉快。要知道，历史上因调侃他人而令自己难堪者，是大有人在的——清代同治年间的军机处章京王珂，生性诙谐，爱开玩笑，同僚们特别喜欢他。有一日，王珂上朝时忘带朝珠了，便向好友汪国良借。汪国良进屋拿出一串朝珠，说："这串朝珠不是我的，是我夫人的，你就暂且应付一下吧。"王珂高兴地接过朝珠，笑吟道："百八牟尼珠一串，归来犹带粉花香。"哪料想，王珂刚吟完诗句，汪国良马上脸色大变，当即返回屋中，操起一把刀就劈向王珂。王珂大惊，转身狂逃，途中几次跌倒，险些被穷追不舍的汪国良砍死。虽然王珂一时逃掉了，可汪国良却仍然不肯罢休。他拿着刀，不分昼夜地堵在王珂的家门口，吓得王珂连家也不敢回。

王珂只不过吟了一句当时官场上的笑话诗——这是多年前一个官宦之女与当时的相国有私情，恩爱难舍，故赠此诗。可这句诗又怎会惹得汪国良如此大动肝火呢?

王珂百思不得其解,便四处打听缘由。后来,终于知道了——原来,诗中的官宦之女正是汪国良的母亲!汪家人向来以此为耻,知情者皆闭口不谈。偏偏这次王珂口无遮拦,竟惹出这么大的乱子来,令他始料不及!可见,调侃他人也要注意分寸,怡情最好,千万莫惹出是非来。

"嘚瑟"一词除北方方言外,在湖南、广东、山东、陕西、湖北等部分地区的方言中,也常见使用,且语义基本相同。

2017年,国内有一部名为《我就是要嘚瑟》的影片上映,如果不是该名词的流行早已深入大众的语言系统,一般是不会取"嘚瑟"做影名的。

跳槽

"跳槽"这个词在今天并不陌生,也是社会的高频用词。在现实职业生涯中,"跳槽"者比比皆是。甚至有些单位还专门给"跳槽"者设定了相应的条例限制。

据明代杨慎《升庵诗话》卷十载:"元人传奇,以明帝为'跳槽',俗语本此。"是说,民间所谓的"跳槽"是以魏明帝(曹叡)为原型而来的。清代捧花生《画舫余谭》亦载:"旧谓子弟去此适彼曰'跳槽',不得其解,或本元人传奇,以魏明帝为'跳槽'语始。"

关于"跳槽"之词义,清代徐珂在《清稗类钞》中"跳槽"一条里记载颇详:"原指妓女而言,谓其琵琶别抱也,譬以马之就饮食,移就别槽耳。后则以言狎客,谓其去此适彼。"是说,妓女与嫖客相好一段时间后,就像换一个琵琶弹奏一样,抛弃旧爱另寻新欢,如同马儿口不老实,从自己的槽换到另一个槽中吃食,这叫"跳槽"。后来人们就用该词来揶揄别人,形容人感情不安分,做事弃旧图新。如果精细地探究,当然也包括精神"跳槽",此与旧时的犯"桃花"有相似之处。

比较令人意想不到的是,明代冯梦龙的《情经》(即《挂枝儿》)中竟然专门载有"跳槽"的民歌:"你风流,我俊雅,和你同年少。两情深,罚下愿,再不去跳槽。恨冤家瞒了我去偷情别调,一般滋味有什么好?新相交难道便胜了旧相交?扁担儿的塌来也。只教你两头儿都脱了。又记当初发个狠,不许冤家来到。姐妹们苦劝我,权饶你这遭。谁想你到如今又把槽跳!明知我爱你,故意来放刁。我与别人调来也,你心中恼不恼!"

此外,冯梦龙《醒世恒言》亦载:"定哥道:'那人何尝肯来?不是跳槽,决是奉命往他方去了。'"

又,冯梦龙《山歌》载:"先弗为跳槽、吃醋、上结子、闲冤家。"

又,明初西泠狂者小说《载花船》载:"硕臣道:'那有此理!若一歇行,旧客便跳槽了,重开还有谁来,岂不把前功尽弃?'"

又,明代陈与郊戏曲作品《鹦鹉洲》载:"跳槽自是寻常事,莫怪少年情薄。"

由此可见,明代戏曲、山歌、小说的流行,使得"跳槽"一词迅速普及,广泛流传,并成了百姓的口头语,深深扎根于民众的语言系统之中。

除上述作品外，从明代开始"跳槽"一词已出现于多种形式的作品之中了，如：

明代凌濛初小说集《初刻拍案惊奇》载："便有帮闲钻懒一班儿人，出来诱他去跳槽。"

明代宋濂《元史》："金水河所经运石大河及高良河、西河俱有跨河跳槽，今已损坏，请新之。"（这里的"跳槽"是指水利工事中的一种称谓。）

清代沈复《浮生六记》卷四《浪游记快》载："一夕之欢，番银四圆而已。秀峰今翠明红，俗谓之跳槽，甚至一招两妓。"

清代许廑父《青楼宝鉴》载："我可猜到你的意思了：你也不是要瞒我，你是有心要跳槽，是不是？我倒要看你跳跳看！"

清代张春帆小说《九尾龟》中亦载："却为着张书玉待他冷淡，跳槽出来，要争这一口闲气。""也好朝倪说格碗，耐倒好意思跳槽，跳到仔洪笑梅搭去……"

清代石成金小说《雨花香》载："痴心恩爱如珍宝，当面温存背跳槽，黄金散尽谁欢笑？"

清代青心才人《双和欢》曰："恐怕别家见他，替你合得好，引他去跳槽。"

民国李涵秋《广陵潮》曰："我有时爱你，也还许你跳槽，怎么口口声声转骂起人来？"

及至近代，"跳槽"一词的语义有了新的变化，衍生出"改行、改弦易辙、叛逆"之意。如，高阳《胡雪岩》第一章云："有跳槽改行到沙船帮去做水手的，就算'破门'。"

及至现代职场，"跳槽"已是屡见不鲜之事了。我们会经常看到或听到某人跳槽履新的事情，大家对这种事儿早已经麻木了。

但是，无论哪种"跳槽"，无非都是想换一个新的环境去努力实现自己情感、创业、升迁、追薪等方面的诸类愿望，尤其是因由无法共鸣的精神和无法消化的情绪而"跳槽"者，更是与日俱增。

彪呼呼

"彪呼呼"，是北方语系中的常用词语，多用来形容人莽撞冲动、犯上、做事不分青红皂白、倔强而不考虑后果。

"彪"，在《说文解字》中释为"从虎，从'彡'（shān）"。"彡"即虎身上的斑纹。可见，按《说文解字》之释，虎身上有斑纹者为"彪"。清代武官的补服，一品麒麟、二品狮子、三品豹、四品虎、五品熊、六品彪。由此可见，"彪"是一种猛兽，并且很受推崇。唐代茶圣陆羽在《茶经》中载："彪者，风兽也。"就是成语"虎虎生风"一词的来源，喻指脾气很大很暴躁！

据《唐国史补》载，当年剑圣裴旻担任龙华军使镇守北平时，该地多虎。裴旻曾一日毙虎三十一只，非常得意。有一当地老者，见到裴旻射杀的老虎后，说："此皆彪也。"

据宋代周密《癸辛杂识》载："谚云'虎生三子，必有一彪'。彪最犷恶，能食虎子也。余闻猎人云，凡虎将三子渡水，虑先往则子为彪所食，则必先负彪以往彼岸，既而挈一子次至，则复挈彪以还，还则又挈一子往焉，最后始挈彪以去。盖极意关防，惟恐食其子故也。"

意思是说，老虎若生三胎，最小的一只就是彪。彪最凶恶，能吃别的虎子。母虎携子过河时，必先叼幼子"彪"过河，放下后，再返回对岸。然后，再叼一虎子过河，待返回时，将"彪"叼回对岸。然后，再叼一虎子过河，等再返回原地时，最后叼"彪"过河。母虎之所以如此过河，是因为"彪"太凶猛，会趁母虎不在吃掉兄弟。

《汉书》作者班固在其《白虎通·姓名》中载："以时长幼，号曰伯仲叔季也。伯者，子最长，迫近父也。仲者，中也。叔者，少也。季者，幼也。适长称伯，伯禽是也。庶长称孟，以鲁大夫孟氏。"由此可知，伯仲叔季代表兄弟排行的序列。孔子字仲尼，司马懿字仲达，都是在自家兄弟中排行第二。班固的父亲班彪，其字为叔皮，可知其在家排行第三，而其名为"彪"，即取虎之第三子为彪之意。至今北方还在讲的"彪三"，即是此意。

彪三，在六十甲子中对应着干支戊寅——在十天干中位居阳干（甲丙戊庚壬）第三位的戊与地支寅虎组合。此外，戊寅还是伏虎——寅木被上面的戊土所遮蔽，为伏地之象。

宋太宗年间，虎寺禅院中的学僧们正在寺前围墙上模拟着画一幅龙争虎斗的画像。图中，龙在云端盘旋将下，虎踞山头，作势欲扑。画作虽修改多次，仍觉其中动态不足，适巧无德禅师（汾阳善昭）外归，学僧遂请禅师指点。无德禅师看后道："龙与虎，所画外形不逊，但龙与虎的特性你们还不清楚——龙在攻击之前，头必须向后退缩；虎要上扑时，头必自下压低。龙颈向后屈度越大，虎头越贴近地面，它们就越能发力。"学僧们欢喜受教，道："您真是一语道破啊！我们不仅将龙头画得太趋前，且虎头亦过高，难怪总觉动态不足！"无德禅师借机说道："为人处世与参禅修道的道理一样，退一步的准备之后，才能冲得更远，谦卑反省之后才能上行得更高。"学僧不解，问道："退步的人怎能向前？谦卑的人怎能更高？"无德禅师道："你们且听禅诗：'手把青秧插满田，低头便见水中天。身心清净方为道，退步原来是向前。'诸仁者能会意吗？"学僧们闻言，皆有所悟！

无德禅师在与学僧们的对话中，所强调的虎跳跃时越要上扑，头就越要压低伏地，这就是伏虎之势，也是战斗力最强的表现，也是虎威最为爆发的时刻。

自古五行无土不安稳！干支戊寅，有了天干戊土，寅木就有了发挥战斗力的安稳基础。换言之，戊寅具有"彪三"的特质，其战斗之势能亦最强。

此外，干支的排序是干在上而支在下，干支戊寅是寅木地支克戊土天干，属于下克上的格局，有着易犯上、易莽撞冲动、秉性倔强的势能。中国北方语系中，形容人莽撞冲动、犯上、做事不分青红皂白、倔强而不考虑后果，往往会用"彪呼呼的"一词。

《诗经》曰："天生烝民，有物有则。"一切都有迹可循。了解了干支戊寅的"彪三"势能，我们就会明白：在兄弟姊妹中，同性别排行中的老三，其性格特质为什么常见有"彪三"之势能了。

天地不虚，一切现成，只是百姓日用而不知矣！须知，万物秉势而存，各有窍妙，留心品验，丝毫不爽。

马后炮

众所周知，"马后炮"为事后诸葛亮之意，比喻做事不及时。

该词源于中国古代象棋的普及——中国象棋源自"六博"，本为春秋时贵族用于赌输赢的游戏，其玩法分为"大博"和"小博"，古又称"奕棋"，亦作"弈棋"，意即下棋。且"弈之为戏，其来尚矣，尧造围棋以教丹朱，或云舜造也。周武帝造象戏，其名体虽殊而为奕一也"。（宋代陈元靓《事林广记续集·奕棋原始》）由"周武帝造象戏"之说，可见象棋的发端由来已久！对此，《楚辞》亦有记载。

早期象棋只有"将、马、车、卒"4个棋种，唐代增加了"炮"，其用法颇具想象力，发明了"借子作架、隔子发炮"的走法。及至宋代又增加了"士"与"象"，于是中国象棋基本定型，并迅速风行。宋代亦有了《棋经论》，该书开篇即说："车前马后，发炮逐卒，如电掣雷轰，炮铺卒行，逼近士象，如狼奔虎跃。"可见"炮"在象棋中的厉害程度。而明代黄道周在其《节寰袁公传》中亦描述道："伏炮机发，使奴自践藉，人马腾踏死者四五万。"专门提及了"炮"的威力。

作为象棋中的一招，"马后炮"是在"马"后加一颗"炮"，将对方的"军"——马后炮一出,对方就输棋了。足见"马后炮"这一杀招之厉害。不过,"事后指手画脚、似有先见之明"往往为人所反感,久而久之,该词便有了"事后诸葛亮"之意,词义也由褒义变为贬义。

该词之使用,最早见于元代无名氏《隔江斗智》第三折:"大哥须要计较此事,不要做了马后炮,弄的迟了。"而后又见于南宋陈元靓《事林广记续集》,此后应用颇多,渐渐成了熟语。

买东西

"东西"的意义有几种,一是指东面和西面,二是指从西到东的距离,三是泛指四方,四是泛指货物、物品,五是具有讽刺意,如说某人"不是个东西"。

我们常说的"买东西",其中的"东西"取的便是货物、物品之义。无论大小贵贱,只要是能买的物品,都叫东西。这又是为什么呢?

中国古代把木、金、火、水、土称为五行,分别代表东、西、南、北、中五个方位;把甲、乙、丙、丁、戊、己、庚、辛、壬、癸称为"天干",又把"五行""天干"对应起来,组成"五方",即东方甲乙木、南方丙丁火、西方庚辛金、北方壬癸水、中央戊己土。东方属木,代表一切植物,如花草、树木、蔬菜、庄稼等;西方属金,代表一切金属矿物,如金、银、铜、铁、锡等;南方属火;北方属水；中央属土。由于水、土和火是最常见的现象，一般不做物资交换，以至被古人忽视；而木（植物）和金（金属矿物）受人们的重视，可以代表一切有用物资。于是，人们就把代表木和金的两个方向联系在一起，组成一个词——东西，用它代表世界上的所有物品。

据清代学者龚伟考证，把购物称作"买东西"，这种表达方法大概可追溯到东汉时期。那时候商人大多集中在东京洛阳和西京长安，所谓"买东"或"买西"，即到东京洛阳和西京长安购货，所以"东西"成为货物的代称。此外，唐朝时长安设有东市、西市。东市主要销售本土产品，西市销售舶来品。当时长安居民购物时，先在东市购买熟悉的物品，再去西市购买不熟悉的舶来品，故而将购物简称为"买东西"。

后来，因为在五行观念中，木德主仁，代表东方；金德主义，代表西方。自古"仁义"值千金，没有仁义的人为世人所唾弃，故久而久之，人们就将那些没有仁义道德的人斥为"不是个东西"。

拍马屁

"拍马屁"一词在中国流传甚广，可谓家喻户晓。该词往往与"溜须"一词并用，合称为"溜须拍马"，意思是通过恭维别人来获得一定的利益，通常作贬义词用。

"溜须"一词源自宋代。宋代丁谓是寇准的门生，对寇准奉迎有加。寇准吃饭时弄脏了胡子，丁谓就帮他擦净，时人称之为"溜须",丁谓也因此留下了"溜须宰相"之名。

《宋史》另载,丁谓在宋真宗时即在中央政府的监察、财政部门担任领导职务。他伙同王钦若大营道观,屡上祥异,以迎合帝意,不久升任参知政事,即副宰相。当时宰相是寇准,丁谓对之毕恭毕敬,唯寇准之言是听。某日,中央政府开办公会议,宰相、副宰相等在一起用工作餐,汤污寇准的胡须,丁谓起而为之揩拂,即溜其须。寇准笑曰:"参政,国之大臣,乃为长官拂须耶?"说得丁谓既羞又恼,从此对寇准怀恨在心。后来,寇准果因丁谓所进谗言而贬官。看来,那些溜须拍马、阿谀奉承的人,靠谱者寥寥,基本上都是为了一己之私而昧心颂人,一旦自身利益受损时,往往翻脸无情;得遇人生巅峰之时,容易被荣耀和好运迷惑,更易在弥天的权势财富中迷失自己,因而往往伴随着被谄媚和抬举,抱憾而去。

关于"拍马屁"一词,遍翻辞书,未见古训。唯有现代著名史学家顾颉刚先生在《史林杂识》中有所考证,大意是说:

蒙古人善骑,有"人不出名马出名"之谚,以得骏马为无上荣耀,所以元朝官员喜欢拍着马臀赞美上司。平日牵马与人相遇,相互拍其马股曰:"好马!好马!"盖马肥则两股必隆起,拍其股以表欣赏赞叹之意,本无献媚之嫌。但相沿既久,在阶级社会中,贱者见贵人,贫者见富人,自惧力不胜而受侮,则有不择其马之良否而姑拍其股者,曰"大人的好马",遂流于奉承趋时之途矣。这就是"拍马屁"一词的由来。

"溜须拍马"之类的现象是人类常见之情,在各个国家和地区的表述也是异曲同工。例如,在日本,不叫"拍马屁",而叫"磨芝麻"。因为磨芝麻时，芝麻会粘到棒子上，比喻说恭维话时也像磨芝麻一样，说的好听话都粘到了对方身上，这就是不同地域不同方式的"溜须拍马"。

喜相逢

真正的笑话从来都是"草里春秋"，是在不经意间出现的，并且往往令人"措手不及"。

当年，明代赵南起在《笑赞》第五十一则中记载了"郡人赵世杰半夜睡醒，语其妻曰，我梦中与他家妇女交接，不知妇女亦有此梦否？其妻曰，男子妇人有甚差别？世杰遂将其妻打了一顿。至今留下俗语云'赵世杰半夜起来打差别'。赞曰，道学家守不妄语为良知，此人夫妻半夜论心，似非妄语，然在夫则可，在妻则不可，何也？"是说，有位小吏叫赵世杰，半夜突然醒来，推醒正在酣睡的夫人，说道："我刚才做了一个梦，梦见与一邻家女子相交，那情景居然与夫人在一起时无二无别，夫人是否也有过如此梦境呢？"那夫人尚未完全清醒，便随口答道："男女同理，有甚差别？"言外之意，男女都一样，都对异性有向往啊。赵世杰闻言，心里一时火起，旋即将夫人暴打一顿，打得夫人半夜逃出家门，哀嚎声竟然惊动了左邻右舍和衙役。后来竟落下了笑柄——"赵世杰，赵世杰，半夜起来打差别。"以至于这个不讲理的赵世杰，数百年来至今仍为人津津乐道，令人忍俊不禁。

细细想来，这则笑话充满了感情气息。而比之更早一些的另一个笑话不仅好笑，还给人们拓宽了面对生死的视野：

据南宋李焘《续资治通鉴长编》卷一百六十二载，宋仁宗时期，贝州（今河北省邢台市清河县）宣仪军有个小兵，联络军中众兄弟据城反叛。于是，朝廷大军围城。没想到，这贝州城非常险峻牢固，如果要硬攻，必定会付出巨大代价。

怎么办呢？朝廷军决定玩个瓮中捉鳖的游戏！

朝廷军将领命令军队在贝州城墙外造土围城，并且土围堆得比城墙还高，目的是居高临下——这样看起来好像更有胜券在握的乐趣！

城里的叛军眼见宋军造的土围比城墙还高，于是也没闲着。不知道是谁出的主意，在城上搭战棚，搭得与宋军的土围一样高，并且还取了个令人忍俊不禁的名字，叫"喜相逢"！

你看，这种面对死亡即将来临的心境，是多么的别开生面啊！明知道自己马上就要完蛋了，却依然保持着大无畏的调侃精神，竟然让悲怆之事充满了喜感，硬是将幽默进行到死！

然而，现实终究是可想而知的，名字喜不代表结果也喜——没过多久，这些叛军就被宋军消灭了。

《续资治通鉴长编》卷一百六十二曰："贝州城峻，不可攻，谋筑距围，度用工二万人，期三十日可与城齐；而贼亦于城上设战棚，与官军相当，名曰喜相逢。"

其实早在唐代，"喜相逢"一词就已开始流行。

唐代药王孙思邈《孙真人海上方》"产难"篇载有诗诀："铁锤

火炼透中红，淬酒乘温饮一钟。专保妇人临产难，即时分娩喜相逢。"此后，"喜相逢"见诸文献的记载便屡见不鲜了。

宋代李太古《恋绣衾》："橘花风信满院香，摘青梅，犹自怕尝。向绿密，红疏处，喜相逢，飞下一双。堪怜堪惜还堪爱，唤青衣，推上绣窗。暗记得，凭肩语，对菱花，啼损晚妆。"

元代周权《寄赵秋水提点》有"白云来去本无心，老鹤孤骞瀛海阔；朅来十载喜相逢，笑我红尘早华发"之句。

清代曹雪芹《红楼梦》第二十二回"听曲文宝玉悟禅机，制灯谜贾政悲谶语"载："道是'有眼无珠腹内空，荷花出水喜相逢。梧桐叶落分离别，恩爱夫妻不到冬'。"

清代方成培《雷峰塔》第二十七出"腹婚"载："〔合〕喜相逢骨肉家庭，痛遭冤招魂未定。"

清中叶三大小说之一的李百川所著《绿野仙踪》第三十五回"沐皇恩文武双得意，搬家眷夫妇两团圆"载："握管城，书彩简，遣役迎迓宅眷；从兹夫妇喜相逢，拭目合欢眼。"

"喜相逢"的表达最为人所熟知的莫过于电视剧《三国演义》的主题曲中取自明代杨慎的歌词"一壶浊酒喜相逢，古今多少事，都付笑谈中"。

…………

由上可见，"喜相逢"一词早已散去了当年悲怆的气息，完全变成了一个欢庆的词语。尤为值得一提的是，20世纪50年代，冯子存先生创作了一首名为《喜相逢》的笛子独奏曲，展现了一对情人离别和重逢时的心情，成为一首著名的传统民族乐曲。

开张大吉

　　"开张大吉"是人们耳熟能详的词语，而关于其来源，迄今为止尚未见有人阐释清楚。原因在于，不懂天文，尤其是二十八星宿！

　　　　角亢氐房心尾箕，井鬼柳星张翼轸。
　　　　奎娄胃昴毕觜参，斗牛女虚危室壁。

　　这首广为流传的二十八星宿歌是中国古代天文学中最重要、最普及的观象授时内容之一，在中国早期的《尚书》《诗经》《周礼》《大戴礼记》《逸周书》《甘石星经》等古代文献中，均有记载。

　　二十八星宿中的每个星宿都如"天生百草，各愈其病"一样，各有其对应的势能。譬如，壁宿为文章之府，见之主凤池身贵，文昌大发。唐代名臣张说诗云"东壁图书府，西园翰墨林"，形容壁宿是天上的图书库。斗宿有长生之力，延年之功。东晋干宝《搜神记》中载有一个广为流传的故事，讲的是三国奇人管辂与颜超拜南斗星君延命之事。其中，南斗就是二十八星宿中的斗宿，《甘石星经》亦载："南斗六星，主天子寿命。"因"箕宿好风"，故"日将出清风发，群阴皆伏；是日出则生风，日入则无风。"毕宿好雨，《尚书·洪范》载："箕星好风，毕星好雨，月之从星，则以风雨。"《诗经·小雅·渐渐之石》亦言："月离于毕，俾滂沱矣。"再如昴宿，又称旄头（旗头之意），为杀伐之神，见之主杀伐决断，亦有担当之力。秋季五行为金，主杀伐；每当金秋的黄昏，昴星便从东方升起，非常醒目。唐代李贺诗云"秋静见昴头",这个昴头就是指昴宿。湖北随州出土的战国时期曾侯乙墓的漆箱盖上,将"昴"写作"矛",可知为兵戈作战之用。

明末清初大学者顾炎武说:"三代以上,人人皆知天文。'七月流火',农夫之辞也;'三星在天',妇人之语也;'月离于毕',戍卒之作也;'龙尾伏辰',儿童之谣也。后世文人学士,有问之而茫然不知者矣。"(《日知录》卷三十)意思是说,夏商周以前的人,个个都了解天文,不像现在的人,一问三不知。在顾炎武的慨叹中,我们可见天文常识在古代是相当普及的。

每个星宿都有各自的特定势能。人们耳熟能详的词语"开张大吉"中的"张",并非姓氏,而是专指二十八星宿中的张宿——南方朱雀七宿中的第五宿,居朱雀身体与翅膀连接处。《晋书·天文志》载其主管饮食、衣服、珠宝等,这些都是人们实现美好生活的重要物质基础,有了它们,生命就如鸟儿展翅高飞一样,充满腾达之喜。

在漫长的历史进程中,精通天文的先贤们通过长期观察总结出二十八星宿值日吉凶规律。《史记·天官书》认为南方朱雀七宿中的轸宿与箕宿一样,也主风。古代与风相关的星官还不只这两个,先秦典籍《孙子兵法·火攻》即载:"日者,月在箕、壁、翼、轸也,凡此四宿者,风起之日也。"是说,如果以火攻来击敌,就要选好日子,需要有风的助力,而月亮在经行箕、壁、翼、轸四个星宿时,就是起风之日。可见,每一星宿在值日时,各有其所对应之势能,且吉凶不一。

其中,张宿值日便是吉势——"张宿之星大吉昌,祭祀婚姻日久长；葬埋兴工用此日，三年官禄进朝堂"。这个歌诀在唐代之前广为流传，后来由于朝廷禁止天文知识普及而衰落。明代《张果星宗》还载有"木躔张宿号天裕，福寿康宁人罕遇；家藏金玉旺儿孙，生产资财能积聚""日躔张宿号天正，才智聪明文武并；官星得力善星居，禄贵兼全增吉庆""月躔张宿号天曹，才力经营志气高；形貌端方荣贵早，晚年又见福坚牢"等歌诀，特别强调了木星、太阳、月亮与张宿相躔的喜兆。

题名为晋代许逊所著的《玉匣记》中还载有"张宿（吉）值日歌"：

张星日好造龙轩，年年便见进庄园。

埋葬不久升官职，代代为官近帝前。

开门放水招财帛，婚姻和合福绵绵。

田蚕大利仓库满，百般利意自安然。

古人所言的"开张"，就是选择张宿对应的吉日去开工做事（若张宿所在方向与门向呼应则更佳），古人认为这种做法可纳吉气，能获大吉祥。若是出行，也可选择张宿所在之日及其所指方向而行。这种应用，见诸文献记载的还有明代冯梦龙《警世通言》卷二十所云："安排都厂，选吉日良时，开张店面。"清代吴炽昌《客窗闲话》载："后有文武二星官过门，即刻开张大吉。"等等。

因为张宿在最南方，是吉星所在，与其呼应可纳吉气，故《易经》曰："圣人南面听天下，向明而治。"此句中的"明"，指的就是张宿所在的方向。还有，由于张宿在南方朱雀七宿之内，导致中国古代建筑坐向以坐北向南为主。虽然是坐北向南，但并非居中（非为正子午向），因为张宿在南方朱雀七宿中并不居中，而是稍偏一点。

以上因观星而来的种种民意实践，即为"开张大吉"的来历，虽然寓意十分美好，但应用起来也需要学问功夫。随着时间的推移，"开张"之意也逐渐多元起来，比如"重打锣鼓另开张"，这句话中的"开张"则是运行之意；而"店家尚未开张"，则是尚未有收益进账之意。它们都引申为事物运行后的受益情况。

耳熟能详、众所周知的"开张"一词，衍生出这么多文化内涵，足见二十八星宿对中国文化的巨大影响。

《易·系辞》曰："古者包牺氏之王天下也，仰则观象于天，俯则观法于地。"《黄帝阴符经》曰："观天之道，执天之行，尽矣。"二者所言，皆告诉我们：我们的先民们通过观察天地自然的运行规律并效法其道，大至治国，小至修身，万事无不涵容。

古往今来，大智者参赞天地之化育，小聪明参与名利；而真正的智慧一定是贯通天地的，因为只有在"天地学堂"，敞开心扉，虚心诚敬，才能大化出一个大写的"人"字来！这也是对中国文化"天人合一"智慧的践行。

当人们践行出真实无伪的功夫时，自然就成了智者。那些参赞天地之化育的智者们，就是在对天象的观测与顺势而为中，渐渐领悟到"时间"的魅力的！

身怀六甲

　　周朝教育制度规定，少儿蒙学须从字学（"六甲六书"）开始学起。其中，"六甲"是指"甲子、甲戌、甲申、甲午、甲辰、甲寅"，"六书"是指《周礼》中记载的六书。关于六书，班固在《汉书·艺文志》里提到："周官保氏，掌养国子，教之六书，谓象形、象事、象意、象声、转注、假借，造字之本也。"东汉许慎对六书的解释是："周礼八岁入小学，保氏教国子，先以六书：一曰指事，指事者，视而可识，察而见意，上下是也；二曰象形，象形者，画成其物，随体诘诎，日月是也；三曰形声，形声者，以事为名，取譬相成，江河是也；四曰会意，会意者，比类合谊，以见指㧑，武信是也；五曰转注，转注者，建类一首，同意相受，考老是也；六曰假借，假借者，本无其字，依声托事，令长是也。"（《说文解字·叙》）

　　南朝陈代的沈炯有《六甲诗》传世。唐代大诗人李白5岁开始发蒙读书，《上安州裴长史书》载其："五岁诵六甲。"小孩子学完六甲、六丁，势必就会写六十甲子了。学会了天干地支后，就懂了时辰，懂了二十四节气，懂了七十二候，懂了二十八星宿，生命由此就跟天道连接在一起了！

　　古人认为六十甲子跟天兵天将有关，能够护佑苍生。《封神演义》中姜子牙封神时，就包含了六十甲子。中国宗教场所中的元辰殿里供奉的就是六十甲子诸神。西方的教育是两堂制——学堂和教堂，孩子们出了学堂进教堂，接受精神洗礼；中国的教育则是三堂制——学堂、祠堂和中堂。孩子们出了学堂进祠堂，然后回家时经过中堂。祠堂是用来祭祖的，中堂是用来感恩的。在中国古代传统建筑的中堂里，通常都挂有"天地君亲师"的匾额，意在告诉人们：没有天地，就没有人类社会的存在，所以要感恩天地；没有君，社会和个体生命就会无序，所以要感恩君；没有父母双亲，就没有我们的肉体生命，所以要感恩父母双亲；没有老师，就没有我们的精神生命，所以要感恩这世界上一切令我们增长智慧的老师！

在"天地君亲师"两侧通常分别写有"六甲六丁"和"历代祖先"。"六甲六丁"代表可以赐福的天官。由于古代医疗条件有限，女性怀孕后生产的风险是个大问题，因此，古人就把妇女怀孕称为"身怀六甲"，寄望于天官赐福，祈愿天官护佑腹中之子能够平安出生，顺利成长。《隋书·经籍志三》载有《六甲贯胎书》，唐代孟安排编集的《道教义枢》卷四《五荫义》对"身怀六甲"亦有别开生面的解读："六甲者，一甲寅木，主骸骨；二甲辰风，主气息；三甲午火，主温暖；四甲申金，主牙齿；五甲戌土，主肌肉；六甲子水，主血液。"你看，六甲与人的形体与机能发生了联系，成为人身体的组成部分！尤其是甲辰主气息、甲午主温暖，这就构成了人的生命运动，以至于"六甲共成人身"——不仅构成人的肌肉、骨骼、血液、齿爪，还维系着呼吸、运动等生命机能，同时也对应着人体最重要的六个脏腑器官。于是，人的形体、机能与生命特征通过"六甲"而完善起来。

以上便是女子怀孕被称为"身怀六甲"的来历。每一位经过母亲"身怀六甲"诞下的生命，皆是无比贵重的！

脑子进水了

　　隋代权臣杨素（字处道），处世颇有风范，胸襟宽广，稳重有谋，同时又位高权重，为当时国之重臣，颇令时人敬重。

　　杨素与侯白交好。据史书记载，侯白这个人好学有捷才，善巧辩，《北史》称其"好为俳谐杂说，人多狎之，所在处观者如市"。说明他非常幽默，因而人们都喜欢通过调侃他的方式来与其斗智取乐，杨素就是其中最有代表性的一位。后来，隋高祖闻侯白名，召修国史，任职儒林郎。著有《旌异记》15卷、《启颜录》，皆佚，宋代《太平广记》引用甚多。

　　据宋代《太平广记》载：

　　素与白剧谈，因曰："今有一深坑，可有数百尺，公入其中，若为得出？"白曰："入中不须余物，唯用一针即出。"素曰："用针何为？"答曰："针头中令水饱坑，拍浮而出。"素曰："头中何处有尔许水？"白曰："若无尔许水，何因肯入尔许坑？"（《太平广记》卷二百四十八）

　　有一天，杨素问侯白："现在有一个大坑，几百尺深，假如你跳进去的话，会用什么办法出来呢？"侯白答道："这还不简单？我啥都不需要，只用一根针即可！"杨素甚惑，问道："真是扯淡！你用一根针怎能出来呢？"侯白道："当然可以呀！我用针在我的脑袋上扎一个洞，我的脑子就会流水出来。等到水蓄满一坑，我不就直接浮上来了吗？"杨素当即反问道："你脑子里哪来的水呀？"侯白翻白眼看了看杨素，说道："我要是脑子里没有水，怎么会跳进你说的数百尺深的坑里去呢？"杨素闻言，无从置辩，与众人一起大笑不已，亦赞侯白反应之机敏。

此后，杨素与侯白的这个令人津津乐道的斗智故事就流传开来——人们于是经常用"脑子进水了"来形容人傻、糊涂或愚昧无知。

除"脑子进水了"之外，还有一个广为人知的与杨素有关的名词。

据《太平广记》卷一百六十六引《本事诗》载：南朝的陈朝衰乱之际，国之将危，民不聊生。陈朝的太子舍人徐德言便对才貌出群的夫人（陈后主妹妹乐昌公主）说："以你的才华和容貌，一旦国家灭亡，一定会流落到权势富贵之家，届时我们恐难再见。倘若因缘未尽，我们或许还有相见的机会，届时当用一信物来做津筏。"夫人赞同。于是，徐德言当即将一面铜镜折断，二人各持一半，并与夫人约定："若将来果如所言，你一定要在正月十五那天将镜片在街上出售，若我见到，当天定会去找你。"不久，陈朝灭亡。乐昌公主流落到越国公杨素府中，杨素对她非常宠爱；而流离失所的徐德言费尽周折才抵京。他于正月十五这天在市面上寻找售卖半镜者。果然，有一老仆出售半片镜子，但由于要价极高，无人购买，还引来一干人等嘲笑。徐德言见状，急将老者请到自己住处，为其备餐，并讲述了个人经历，同时还拿出自己所藏的另一半镜子与老者所卖半镜匹配，恰好完整无隙。徐德言非常激动，当即在镜上题诗一首："镜与人俱去，镜归人不归。无复嫦娥影，空留明月辉。"——镜子和人都离我而去，如今镜子回来人却未归，镜子上已映不出嫦娥的倩影，只能反射片片月光而已。

随后，乐昌公主见到题诗后，知道夫君还活着，便整日以泪洗面，寝食不安。杨素见状，询问了实情，遂让乐昌公主回到徐德言身边，还一并送给他们许多钱物。临行前，杨素设宴为二人饯行，并让陈氏也作诗一首："今日何迁次，新官对旧官。笑啼俱不敢，方验作人难。"——今天是什么特殊的日子啊？新丈夫面对旧丈夫，哭也不是笑也不是，这才知道做人的艰难啊！宴罢，徐德言与乐昌公主回到了江南，白头偕老。时人闻听此事，莫不对杨素大加赞赏！

这就是"破镜重圆"一词的来历。人们借此来比喻有情人分手或失散后重归于好，或事情中止后又得以接续的情形。

对这个故事，苏轼还专门作词赞之："一颗樱桃樊素口，不爱黄金，只爱人长久。学画鸦儿犹未就，眉尖已作伤春皱。扑蝶西园随伴走，花落花开，渐解相思瘦。破镜重圆人在否，章台折尽青青柳。"

此后，引用"破镜重圆"的文句更是层出不穷，如：元代施君美《幽闺记·推就红丝》载："破镜重圆从古有，何须疑虑反生愁？"明代汤显祖《六十种曲紫钗记》载："龟儿走在破镜重圆故事上，不久团圆。"明代丹道著作《性命圭旨》载："方才子母会合，破镜重圆，渐渐扩充。"清代陈端生《再生缘》第五十六回载："劝得她心摇动了，或者能乐昌破镜再重圆。"清代墨浪子《西湖佳话》载："初或因情以离，后必因真而合，所以破镜重圆，香匀再合，有自来也。"等等。

足见，该词的普及已有 1300 多年。

第五章　饮食器物

赝品

人们对"赝品"一词颇为熟悉，就是"假货"之意。

假货自古有之，但用"赝品"一词来形容，时间却并不算久远，自明代起才有出现。

明代黄宗羲《明文海》："品士者，核其人，必脉理真而后无赝品；论人者，必群品备而后无失人。"

明代郑仲夔《耳新》有句："庶真才得以著称，而赝品无由缘附。"

清代叶桂《本草经解》："赝品宜辨龙骨（古矿灰）。"

清代盛大士《溪山卧游录》："京师琉璃厂肆，所见古名家画，大半皆赝品，然亦有绝妙之作。"

清代连横《雅言》："比年以来，颇多赝品。"

赝品之"赝"，其来源与"雁"字密不可分。

先说一个与雁有关的故事：

金元一代的"文学之冠"元好问，在16岁那年去并州参加科举考试。途中遇一捕雁者说："今天早上捕到一只大雁，被我杀了。可另外一只脱网而逃的大雁，却在空中悲鸣盘旋，久久不愿离去，最后竟然从空中直冲下来，撞向同伴尸体旁边的地上而亡。"元好问听闻后，非常讶异，心中久久不能平静。默立许久之后，便用身上仅有的钱将两只大雁买了下来，并把它们葬到了城外汾水之滨，还垒上石头做记号，题为"雁丘"。安顿完之后，才情高昂的元好问有感于大雁的情义，随手便写下了那首著名的《雁丘词》。其中有一传世名句，人们耳熟能详——"问世间情为何物，直教生死相许。"

大雁的这种忠贞至诚，被古人誉为"雁德"！

由于自古以来人们便对大雁情有独钟，从汉代开始，便将书信称为雁书、雁足、雁帛等，皆取鸿雁传书之德。

而关于"雁""赝"相通假的记载，早在先秦典籍《韩非子·说林下》中就载有事例——"齐伐鲁，索谗鼎，鲁以其雁往。齐人曰'雁也'。鲁人曰'真也'。齐曰：'使乐正子春来，吾将听子。'鲁君请乐正子春，乐正子春曰：'胡不以其真往也？'君曰：'我爱之。'答曰：'臣亦爱臣之信。'"这段典故是说，当年齐国讨伐鲁国。齐国向鲁国索要谗鼎，鲁国就送去一个赝品。齐人说："这是赝品。"鲁人说："是真的。"齐人说："叫乐正子春来证明，我就相信你。"鲁君请求乐正子春，乐正子春说："为什么不把真的送去？"鲁君说："我喜爱谗鼎。"乐正子春回答："我也爱惜我的信誉。"因为这个正直的乐正子春没有说假话，所以鲁国所送谗鼎为赝品之事就确凿于天下了。

由于古代的大雁看起来有点儿像鹅，且还不易被捕捉，因而便有人时常以鹅来冒充雁。清代吴景旭在《历代诗话·赝本》中载："鹅酷似雁，而德不然，故凡以伪乱真者曰雁。"

东汉王符在《潜夫论》中则写得更为直白："买药得雁，难以为医。"这里的"雁"便是指"以鹅代雁"的"鹅"，引喻为假药之意。

后来，人们在"以鹅代雁"的基础上，便在"雁"字下面加了一个"贝"，写成"赝"，以指为了追逐利益而不惜造假——这就是"赝"字的来历。后来，人们便将假货称为"赝品"，并流传至今。

便面

"便面"一词时下并不常用，它跟方便面扯不上关系，而是古代扇子的称谓。

众所周知，扇子的历史非常悠久，在先秦时期即被广泛使用，成为时人常备之物，且扇子造型多端。其中，人们将半规形类似单扇门的扇子称为"户扇"，亦称"便面"。后来则以团扇、折扇居多，亦称"便扇"。

"便面"的作用，除纳凉、附庸风雅之外，还有一个失传的文化用途。据《汉书·张敞传》载："然敞无威仪，时罢朝会，过走马章台街，使御吏驱，自以便面拊马。"是说，张敞在散朝后，用"便面"遮脸快速而去。对此中所提及的"便面"一词，唐代颜师古注曰："便面，所以障面，盖扇之类也。不欲见人，以此自障面，则得其便，故曰便面，亦曰屏面。今之沙门所持竹扇，上衺平而下圜，即古之便面也。"

也就是说，古人在走路时遇到不想打招呼的人，就用"便面"遮面，以此来避免尴尬和失礼。这个故事后来还被苏东坡引入诗词中："蛾眉新作十分妍，走马归来便面。"（《西江月·别梦已随流水》）

古代的"便面"，不仅文献中有记载，石像、画作中也有记载。如，四川出土的汉代画像石《伏羲女娲交尾图》中的伏羲，便是一只手托日，一只手执便面。而从魏晋时期开始，"便面"便成为雅士们的挚爱。据传，阮籍连吃饭、喝茶都拿着便面。现存魏晋壁画中的男子，吃饭时手持便面。后来所见的文人执扇、男女执扇遮面以及僧人饮食时的遮面习惯，都与此有关。宋代张择端著名的《清明上河图》中，亦有描绘使用"便面"的场景。

宋代以降，"便面"已经十分流行，文献对此亦记载颇多：

"自此，每过午，吏散庭空，即携一便面，步后园，登古城。"（宋代杨万里《诚斋荆溪集序》）

"'三顾频烦天下计，两朝开济老臣心。'屏风、便面一一皆书此二句。"（明代蒋一葵《尧山堂外纪》）

"便面小，血心肠一万条；手帕儿包，头绳儿绕，抵过锦字书多少。"（清代孔尚任《桃花扇·寄扇》）

"观手中便面，足以知其人之雅俗，足以识其人之交游。"（清代张潮《幽梦影》）

张潮是如何通过便面来甄别"其人之雅俗"的呢？古语说：文如其人，字如其人。张潮就是通过便面上的题字或画作来识鉴的。

在便面上题诗作画，是很常见之事，如明代张宁便作有《题便面山水》诗："斜阳晚色满沧洲，红叶飞随水乱流。惆怅隔江人不见，西风谁汎木兰舟。"台北故宫博物院还藏有很多幅明代唐寅的"便面"画。

《画学集成》亦载："余三十时，偶经古董之肆，有便面作细笔山水，以篆法行之画中。无龙眠之高逸，亦别饶风格，款落密之，为次尾道兄写。"

可惜的是，这个在古代文人几乎必备的雅物，如今已鲜为人知了。

长寿面

中国的很多习俗都与皇帝有关。

历史上的秦始皇，听了卢生的话之后，就开始喜欢"真人"，并且自谓"真人"，不再称"朕"，创造了贻笑天下的求仙之事。由于传说中的神仙都是驾祥云出行，因而追慕神仙的秦始皇便喜欢上了祥云——他将这种憧憬落实于吃、穿、住、用、行中，使得处处都能见到祥云的图案。而这，便是中国砖瓦、木作、丝绸、绘画等器物和艺术载体中大量出现祥云的来由。久而久之，便固化为一种民族的风俗。

及至汉武帝，也有类似故事。他既崇信鬼神，又相信相术，某日与众大臣聊及人寿之长短。汉武帝说："我看到《相书》上讲，人的人中长，寿命就长，如若人中有 1 寸长，就可以活到 100 岁。"话音未落，坐在汉武帝身边的东方朔就大笑了起来，还差点从椅子上乐得滑下去。大臣们都莫名其妙，亦觉得他表现无礼。汉武帝问他笑什么，东方朔说："我不是笑陛下您，我是笑那个众人皆知的活了800 岁的彭祖。您说人活 100 岁人中就有 1 寸长，那个彭祖活了 800

岁，他的人中就该有 8 寸长，那他的脸得有多长啊？"众臣听后，也大笑不已。看来想长寿，要靠脸长是不行的，但可以想个变通的办法表达一下自己长寿的愿望——众所周知，脸即面，那么"脸长即面长"，于是人们就借用长长的面条来祈愿长寿。渐渐地，这种习俗就演化为生日（或节日）吃面条的习惯，被称为吃"长寿面"，沿袭至今。

《列子·力命》载："彭祖之智不出尧舜之上而寿八百。"八百岁，这是堪比周朝历史的年龄。但在中国社会早期，相关的计算方法与今天的相比，有很大出入。中国天文历法发端很早，且水平领先世界。在夏朝四分历确定之前，流行的是源于"六十甲子日"的"小花甲计岁法"，即古代所传六十个星宿神依次值日一圈的时间。民间崇拜天上星宿，凡人寿命皆与星宿对应，便以六十个星宿神轮流值勤一周的时间为一岁。按此计算，彭祖实际寿数也就大约是今天的130 岁。

日本习俗中汲取和保存了大量中国文化元素，吃"长寿面"也是其中之一。日本人的年夜饭有蔬菜和鱼虾合煮的年糕汤，更少不了一碗荞麦面——细长的荞麦面象征着长寿，寓意美好生活如同面条一样绵长。且荞麦面易断，因此还寓意着与过往的苦恼做个了断，完全是一语双关。

金镶玉

"金镶玉"这件国宝，与前文介绍的"随和"一词中的"和璧"有关系。

汉阳平侯王禁次女王政君长大后，王禁先后给女儿找了三位夫婿，每次都是结婚前夕准新郎暴毙。如此一来，吓得一般人都不敢跟王家结亲了。后来有位跟王禁关系很好的人来给他的女儿看相，称此女贵不可言，将来甚至要成为天下之母。

当时，正是汉宣帝在位时期，太子刘奭也到了娶妻的年龄。于是，王禁就把女儿送到了宫里。结果太子一眼就看上了这个美貌的女子，就把她给娶了。太子非常宠爱这个王姑娘，而王姑娘的肚子也是争气，很快就生下了一个儿子。等到汉宣帝驾崩，太子继承帝位，是为汉元帝，就立王政君为皇后，立皇后的儿子为太子。等到汉元帝驾崩，太子继承帝位，是为汉成帝，王皇后就成了皇太后，成帝的皇后则是史上有名的赵飞燕。

在成帝之后，又经历了哀帝、平帝，这位成了太皇太后的王姑娘依然健在（活了85岁，西汉都灭亡了，她还活着）。元始五年（公元6年），平帝驾崩，孺子婴继位，王莽在"众望所归"之下辅政，为摄皇帝。《汉书》载："平帝崩，无子，莽征宣帝玄孙，选最少者广戚侯子刘婴，年二岁，托以卜相为最吉。乃风公卿奏请立婴为孺子，令宰衡安汉公莽践祚居摄，如周公傅成王故事。太后不以为可，力不能禁，于是莽遂为摄皇帝，改元称制焉。"王政君是王莽的姑姑，她认为王莽这是大逆不道，非常愤恨，但已无力回天。

《汉书》载："初，汉高祖入咸阳至霸上，秦王子婴降于轵道，奉上始皇玺。及高祖诛项籍，即天子位，因御服其玺，世世传受，号曰汉传国玺，以孺子未立，玺藏长乐宫。及莽即位，请玺，太后不肯授莽。"王莽篡汉建立新朝时，曾遣其弟王舜向孝元皇太后王政君索取传国玉玺——此玺系当年秦始皇命人将价值连城的"和氏璧"雕成玉玺，镌李斯所书"受命于天，既寿永昌"八字，再雕饰以五龙图案，玲珑剔透、巧夺天工，秦始皇视为神物。汉灭秦后，刘邦将其作为传国玉玺世代相传，藏于长乐宫，今由王太后保管。哪料王政君坚决不给！王舜于是出言恫吓，王政君激愤之下怒骂王舜，取出玉玺掷到地上，玉玺因此碎裂一角。王政君出言诅咒王家灭族，曰："我老已死，如而兄弟，今族灭也！"

王莽见玉玺受损，命人将损毁处用黄金作了镶嵌，竟也光彩耀目，遂美其名曰"金镶玉玺"，于是便有了"金镶玉"一词传世。

王莽之后，到南朝陈时，这个传国玉玺就下落不明了，但"金镶玉"一词却固化在了中国文化中。除了器物外，也见于文学作品中，俗语"有眼不识金镶玉"也为人们耳熟能详。

尤为值得一提的是，寓意着金玉良缘的"金镶玉"式样，应用在了 2008 年北京奥运会的奖牌上，令全世界的人眼界大开。

省油灯

"省油灯"一词用来比喻老实、不惹是生非的人，在使用中多用于否定。那些喜欢搞事情的人，常被人称作"不是一盏省油的灯"。

"省油灯"源于唐代邛窑，邛窑生产的省油灯盏在唐宋风靡一时。南宋著名诗人陆游《老学庵笔记》对邛窑省油灯有具体描述："书灯勿用铜盏，惟瓷盏最省油。蜀中有夹瓷盏，注水于盏唇窍中，可省油之半。"由此可见，省油灯的原理是碟壁内有个中空夹层，夹层注水，以冷水降温从而减少灯油挥发。

陆游客居四川时，曾担任邛州天台山崇道观的主管。他所作诗歌中，涉及邛崃的达22首之多，对邛窑"省油灯"也是耳闻目睹，再熟悉不过，因此"省油灯"的光辉也就透过陆放翁的名气撒向了各地。正是由于陆游的推崇和宣传，邛窑省油灯的制作工艺才得以传播到全国，而使各地瓷窑竞相仿制。当邛窑省油灯在全国民众中得到普遍认同时，人们从此也有了"省油灯"和"不省油的灯"的概念。明代曹学佺《蜀中广记》中载有"老学庵云，宋文安公集中有省油灯盏诗"之句，清代浦琳《清风闸》中亦载有"你不是个省油灯盏"之句。

1999年，北京市文物研究所三峡考古队在三峡库区的涪陵石沱墓地发掘出土一盏宋代省油灯，与陆游的描述完全一样，切实证明了人们常说的省油灯并非无稽之词。

清代蒲松龄在《聊斋俚曲集》中写道："只怕我的这个主，他也不是省油灯。"随着清代小说的大量使用，"省油灯"一词也自然而然流行开来。

压岁钱

言及"压岁钱",首先我们来了解一下什么是"岁"。

夏代称"年"为岁,主要是因为在夏代之前,天文学非常流行和发达——"三代以上,人人皆知天文。'七月流火',农夫之辞也;'三星在天',妇人之语也;'月离于毕',戍卒之作也;'龙尾伏辰',儿童之谣也"。(明末顾炎武《日知录》卷三十)滂沛的天文基础建构了中华文明的根基。其中,有了年,就有了太岁。而太岁之名源于"岁星"——太阳系九大行星中的木星。《说文》亦载:"岁,木星也。"

岁星既是星辰,也是中华民族所奉祀的神祇之一,古代传下来的每年"拜太岁"的习俗即源于此。随着研究观察的深入,古人又发现木星约12年运行一周天,于是根据木星在天体中运行的规律将其与十二地支结合,建立了纪年方法——岁星纪年法、太岁纪年法和干支纪年法,因而就称"岁"为"年"。

从此开始,"年、岁"二字开始交互使用。最有名的便是唐代刘希夷的"年年岁岁花相似,岁岁年年人不同"(《代悲白头翁》)。作者在诗中将"年"与"岁"并用,朗朗上口,简洁明了,令人难忘。

但为什么要给"压岁钱"呢?

因为要压"岁耗",即耗神——主耗费资财、健康、人情、文昌等的神祇。

在中国文化的天文学中,二十八星宿是有别于其他文化体系的现象。二十八星宿为:角亢氐房心尾箕,井鬼柳星张翼轸,奎娄胃昴毕觜参，斗牛女虚危室壁。

这个广为流传的二十八星宿，是中国古代天文学中最重要、最普及的观象授时内容之一。在中国早期的《尚书》《诗经》《周礼》《大戴礼记·夏小正》《逸周书·时迅解》《甘石星经》等古代文献中均有记载。

二十八星宿中的每个星宿都如"天生百草，各愈其病"一样，各有其对应的势能。譬如，壁宿为文章之府，见之主凤池身贵，文昌大发。唐代名臣张说诗作"东壁图书府，西园翰墨林"，形容壁宿是天上的图书库。斗宿有长生之力，延年之功。东晋干宝《搜神记》载有一个广为流传的故事：三国奇人管辂与颜超拜南斗星君延命之事。其中，南斗就是二十八星宿中的斗宿。《甘石星经》亦载："南斗六星，主天子寿命。"

另外，在二十八星宿中，虚宿取象为鼠。《尔雅》释："虚，空也。"又"子，耗也"。故民间谓子鼠为虚耗之神，简称"耗神"，并称老鼠为"耗子"。关于"子"为耗神，至少在汉代即已流行。据唐代李淳风《乙巳占》卷三"分野第十五"载："女、虚，齐之分野。自女八度至危十五度，于辰在子，为玄枵也。玄者黑也，北方之色；枵者耗也。十一月之时，阳气在下，阴气在上，万物幽死，未有生者，天地空虚，故曰玄枵。（玄枵，黄帝之嫡子也，颛顼墟。颛顼，黄帝之孙，昌仆之子也。《尔雅》曰：玄枵，虚也，颛顼之墟也。）"

唐代瞿昙悉达《开元占经》有"岁耗"之谓，所以要避"耗神"。据《开元占经》卷六十四"分野略例"载，东汉郗萌曰："须女、虚，齐之分野；自须女八度至危十五度，于辰在子，为玄枵也。

玄者黑，北方之色；枵者，耗也。十一月之时，阳气在下，阴气在上，万物幽死，未有生者，天地空虚，故曰玄枵也。"（郑玄注《月令》曰：季冬者，日月会于玄枵，斗建世之辰也。）隋代萧衍《五行大义》亦载。

在中国传统的阴阳五行理论中，冬至是阴阳转化的关键节气，因此古人认为，冬至是天地阳气开始兴作渐强的日子，代表"一阳生"之际，是一个新循环的开始，主大吉。故而在周代谓"冬至为大年"，即以冬至为新年。冬至在干支日历中对应子月，因而古人过年时要避岁耗，消除年祸，内耗、外耗都要避免！

因此，古人"以彩绳穿钱，编作龙形，置于床脚，谓之压岁钱。尊长之赐小儿者，亦谓之压岁钱。"（清代富察敦崇《燕京岁时记·十二月·压岁钱》）其中，"编作龙形"，是因为古人认为龙为上天之护法。此外，清代连横《台湾诗乘》亦载"宰鸭书符压岁凶"，并注明："除夕，杀黑鸭祭神，谓压岁凶。"由此可见，"压岁钱"就是古人借此习俗于年节之时打点上苍祈求护佑生命的一种信物，这种民俗的寄托产生了巨大的社会共鸣，至今仍盛行不息。

但是，"压岁钱"的出现，离不开"压胜钱"的文化背景。

汉代兴起的厌胜钱不同于真正的钱币，它类似钱币形状，其上铸有多元图案、文字及装饰，民间称之为"花钱"。最早的"压胜钱"为小孩子佩带的饰物，具有压邪攘灾和喜庆祈福的寓意，满足人们厌服邪魅，求取吉祥的向往。在汉代的五铢钱中，有的正面铸有"脱身易、宜子孙"字样，有的正面铭文为"辟兵莫当"，背面铭文为"除凶去央（殃）"，一看就知道是为驱邪避凶、攘灾添福而制造的。

汉朝以后，历代皆禁止民间私自造币，于是那些用于"压胜"的"花钱"，就渐渐为各个时代的流通货币所取代了。

这就是"压岁钱"的来历。

清代以降，关于"压岁钱"的记载和引用已经非常普遍了，如：

清代施士洁《后苏龛合集》有"随例儿童压岁钱，眼前灯影且团圆""儿童竹马嬉游处，消尽床头压岁钱"之句。

清代许传霈《一诚斋诗存》："独酌屠苏滋味薄，频闻爆竹岁华新。遥知塔拥双峰里，压岁分钱少一人。"

清代王松《台阳诗话》："亲朋索写宜春帖，儿女争求压岁钱。"

清代梁章钜《归田琐记》："可怜此中空空，压岁钱尚无一文也。"

清代林朝崧《无闷草堂诗存》："莱衣戏作儿童舞，博得高堂压岁钱。"

清代沈云《广沪上竹枝词》："春盘八簋启家厨，压岁钱还重五铢。"

……

在日本，新年之际，长辈也会给晚辈压岁钱，但却被称为包"年玉"。"玉"字是取中国文化中"君子比德如玉"的观念，并且"玉"在《易经》中对应圆满无碍的乾卦。因此，"年玉"就是祝愿人们这一年能够进德修业、诸务圆满的吉祥物。

是不是没想到流传了2000多年的压岁钱风俗还有这么多的文化内涵？

图书在版编目（CIP）数据

名词中国 / 米鸿宾 著 . — 北京：东方出版社，2022.9

ISBN 978-7-5207-2937-6

Ⅰ. ①名… Ⅱ. ①米… Ⅲ. ①中华文化—通俗读物 Ⅳ. ① K203-49

中国版本图书馆 CIP 数据核字（2022）第 145123 号

名词中国

（MINGCI ZHONGGUO）

作　　者：米鸿宾

责任编辑：钱慧春　冯　川

出　　版：东方出版社

发　　行：人民东方出版传媒有限公司

地　　址：北京市东城区朝阳门内大街 166 号

邮　　编：100010

印　　刷：北京联兴盛业印刷股份有限公司

版　　次：2022 年 9 月第 1 版

印　　次：2022 年 9 月第 1 次印刷

开　　本：680 毫米 ×960 毫米　1/16

印　　张：14.5

字　　数：115 千字

书　　号：ISBN 978-7-5207-2937-6

定　　价：58.00 元

发行电话：（010）85924663　85924644　85924641